NUMBER 282

THE ENGLISH
EXPERIENCE

ITS RECORD IN EARLY PRINTED BOOKS
PUBLISHED IN FACSIMILE

AESOP

THE MORALL FABILLIS
OF ESOPE
THE PHRYGIAN

EDINBURGH 1570

DA CAPO PRESS
THEATRVM ORBIS TERRARVM LTD.
AMSTERDAM 1970 NEW YORK

The publishers acknowledge their gratitude
to the Trustees of the British Museum
for their permission to reproduce
the Library's copy

(Shelfmark: C.71.b.25)

S.T.C. No. 185
Collation: A-N^4

Published in 1970 by
Theatrum Orbis Terrarum Ltd.,
O.Z. Voorburgwal 85, Amsterdam

&

Da Capo Press
- a division of Plenum Publishing Corporation -
227 West 17th Street, New York, 10011
Printed in the Netherlands

ISBN 90 221 0282 3

The Morall Fabillis

of Esope the Phrygi-

an, Compylit in Eloquent, and Ornate Scottis
Meter, be Maister Robert Henrisone,
Scholemaister of Dun-
fermeling.

Dulcius Arrident Seria Picta Iocis.

Vt Naufragij leuamen est Portus: ita Tranquillitas
animi, seu Iucunditas, est quasi Vitæ Portus.

Newlie Imprentit

at Edinburgh, be Robert Lekpreuik, at the Ex-
pensis of Henrie Charteris: and ar to be
sauld in his Buith, on the North syde
of the gait, aboue the Throne.

ANNO. DO. M. D. LXX.

The Fabillis of
Esope.

☞ (***) ☜

❡ The Taill of the Cok, and the Jasp.

Thocht feinзeit Fabillis of auld Poetrie,
  Be nocht all groundit vpon treuth: зit than,
Thair polite termis of sweit Rhetorie,
Richt plesand ar vnto the eir of man.
And als the caus, that thay first began,
Wes to repreif the haill misleuing
Of man, be figure of ane vther thing.

❡ In lyke maner, as throw the busteous eird,
(Swa it be laubourit with greit Diligence)
Springis the flouris, and the corne abreird,
Hailsum and gude to mannis sustenance.
Sa dois spring ane Morall sweit sentence
Out of the subtell dyte of Poetrie:
To gude purpois quha culd it weill applie.

The Nuttis schell thocht it be hard, and teuch,
Haldis the kirnell, and is delectabill.
Sa lyis thair ane Doctrine wyse aneuch,
And full of frute, vnder ane feinзeit Fabill.
And Clerkis sayis, it is richt profitabill,
Amangis ernist to ming ane merie sport,
To licht the spreit, and gar the tyme be schort.

Forther mair, ane Bow that is ay bent,
Worthis vnsmart, and dullis on the string.
Sa gais the man, that is ay diligent

❡ The Fabillis

In erniſtfull thochtis, and in ſtudying,
With ſad materis ſum merines to ming.
Iccordis weill thus Eſope ſaid I wis,
Dulcius arrident ſeria picta iocis.

❡ Of this Authoz my Maiſteris with zour leif,
Submitting me in zour correctioun:
In Mother toung of Latyne I wald pzeif,
To mak ane mater of Tranſlatioun.
Nocht of my ſelf, foz vane pzeſumptioun,
Bot be requeiſt, and Pzecept of ane Lozd,
Of quhome the Name it neidis not recozd.

In hamelie language and in termis rude,
We neidis wzyte: foz quhy of Eloquence.
Noz Rethozike, I neuer vnderſtude.
Thairfoir meiklie I pzay zour reuerence,
Gif that ze find it thzow my negligence,
Be deminute, oz zit ſuperfluous,
Cozrect it at zour willis gratious.

My Authoz in his Fabillis tellis zow,
That bzutall beiſtis ſpak, and vnderſtude.
In to gude purpois diſpute, and maid argow.
In Philoſophie pzopone, and eiſ conclude.
Put in exempill, and in ſimilitude,
How mony men in operatioun,
Ar lyke to beiſtis in conditioun.

Na meruell is, ane man be lyke ane Beiſt,
Quhilk lufis ay carnall and foull delyte:
That ſchame can not him renze, noz arreiſt,
Bot takis all the luſt and appetyte,
And that thzow cuſtum, and daylie ryte.

Syne in thair myndis sa fast is Radicate,
That thay in brutall beistis ar transformate.

¶ This Nobill Clerk, Esope, as I haif tauld,
In gray vestiment, and in facound purpurate,
Be figure wrait his buke: for he nocht wald
Lak the wisedome of hie, nor law estait.
And to begyn, first of ane Cok he wrait,
Seikand his meit, quhilk fand ane Jolie stone,
Of quhome the fabill ze sall heir anone.

Ane Cok sumtyme with feddzame fresche and gay
Richt cant, and Crous, albeit he wes bot pure:
Flew furth vpon ane dounghill sone be day,
To get his dennar set wes all his cure.
Scraipand amang the as, be auenture,
He fand ane Jolie Jasp, richt precious,
Wes castin furth in sweping of the hous.

As Damysellis wantoun, and Insolent,
That fane wald play, and on the streit be sene.
To swoping of the hous thay tak na tent·
Thay cair na thing, swa that the flure be clene.
Jowellis ar tint, as oftymis hes bene sene,
Upon the flure, ar.d swopit furth anone.
Peraduenture, sa wes the samin stone.

Sa meruelland vpon the stane (quod he)
O gentill Jasp: O riche and Nobill thing:
Thocht I the find, thow ganis not for me.
Thow art ane Jowell! for ane Lord, or King.
Pietie it wer, thow suld ly in this midding,
And buryit be thus on this muke on mold,
And thow so fair, and worth sa mekill gold.

The Fabillis.

It is pietie I suld the find, for quhy,
Thy greit vertew, nor ʒit thy cullour cleir,
It may me nouther extoll, nor magnifie:
And thow to me may mak bot lytill cheir.
To greit Lordis thocht thow be leif, and deir,
I luse fer better thing of les auaill,
As draf, or corne, to fill my tume Intraill.

I had leuer haif scraipit heir with my naillis,
Amangis this mow, and luke my lyfis fude,
As draf, or corne, small wormis, or snaillis,
Or ony meit wald do my stomok gude:
Than of Jaspis ane mekill multitude.
And thow agane, vpon the samin wyis,
For thyne auaill may me as now despyis.

Thow is na corne: and thairof haif I neid.
Thy cullour dois bot confort to the sicht.
And that is not aneuch my wame to feid.
For wyfis sayis, lukand werkis ar licht.
I wald haif sum meit, get it gif I micht.
For houngrie men may not leif on lukis:
Had I dry breid, I compt not for na cukis.

Quhar suld thow mak thy habitatioun?
Quhar suld thow dwell, bot in ane Royall Tour?
Quhar suld thow sit, bot on ane kingis Croun,
Exaltit in worschip and in greit honour?
Ryse gentill Jasp, of all stanis the flour,
Out of this midding, and pas quhar thow suld be,
Thow ganis not for me, nor I for the.

Leuand this Jowell law vpon the ground,
To seik his meit this Cok his wayis went.

Bot quhen, oz how, oz quhome be it wes found,
As now J set to hald na Argument.
Bot of the Jnward sentence, and Jntent
Of this (as myne Authoz dois wzite)
J sall reheirs in rude and hamelie dite.

℃ This Jolie Jasp had propertels seuin:
The first, of cullour it wes meruelous:
Part lyke the fyze, and part lyke to the heuin.
It makis ane man stark and victozious.
Pzeseruis als fra cacis perrillous.
Quha hes this stane, sall haif gude hoip to speid,
Oz fyze, noz watter him neidis not to dzeid.

MORALITAS.

THis gentill Jasp, richt different of hew,
  Betakinnis perfite pzudence and cunning.
Oznate with mony deidis of verteï
Mair excellent, than ony eirthlie thing.
Quhilk makis men in honour foz to Ring.
Happie, and stark to wyn the victozie
Of all vycis, and Spirituall enemie.

Quha may be hardie, riche, and gratious?
Quha can eschew perrell and auenture?
Quha can Gouerne in ane Realme oz hous
Without srience, ouer all thing J zow assure?
It is riches that euer sall Jndure,
Quhilk Maith, noz moyst, noz vther rust can sroit,
To mannis Saull it is Eternall meit.

This Cok desyzand mair the sempill cozne,
Than ony Jasp, may till ane fule be peir.

¶ The Fabillis.

Quhilk at science makis bot ane moik and scorne,
And na gude can: als lytill will he leir.
His hart wammillis wyse argument to heir,
As dois ane Sow to quhome men for the nanis
In hir draf troich wald saw precious stanis.

¶ Quha is euemie to science and cunning,
Bot Ignorance, that vnderstandis nocht?
Quhilk is sa Nobill, sa precious, and sa ding,
That it may not with eirdlie thing be bocht.
Weill war that man ouer all vther that mocht
All his lyfe dayis in perfite studie wair,
To get science: for him neidis na mair.

¶ Bot now (allace) science is tint and hid:
We seik it nocht, nor preis it for to find.
Haif we riches, na better lyfe we bid,
Of science thocht the Saull be bair and blind.
Of this mater to speik, it wer bot wind.
Thairfoir I ceis, and will na forther say.
Ga seik the Jasp, quha will, for thair it lay.

CFINIS.

¶ The Taill of the Uponlandis Mous, and
the Burges Mous.

E Sope myne Author makis mentioun,
Of twa Myis, and thay wer Sisteris deir.
Of quham ye eldest dwelt in ane Borrous toft:
The vther wynnit Uponland weill neir:
Soliter, quhyle vnder busk, quhyle vnder breir:
Quhylis in the corne, and vther mennis scaith,
As outlawis dois and leuis on thair waith.

This rurall Mous in to the wynter tyde,
Had hunger, cauld, and tholit greit distres,
The vther Mous that in the Burgh can byde,
Wes Gild brother and maid ane fre Burges,
Toll fre als but custum mair or les,
And fredome had to ga quhair euer scho list,
Amang the cheis in Ark, and meill in kist.

Ane tyme quhen sho wes full and vnsute fair,
Scho tuke in mynde hir sister vponland,
And langit for to heir of hir weilfair,
To se quhat lyfe scho had vnder the wand.
Bairfute allone with pykestaf in hir hand
As pure Pilgryme scho passit out of toun
To seik hir sister baith ouer daill and doun.

Furth mony wilsum wayis can scho walk,
Throw mosse & muir throw bankis blak and breir,
Scho ranne with mony ane hiddeous quaik,
Cum furth to me my awin Sister deir,
Cry peip anis, with that the Mous cryit heir,
And knew hir voce as kinnisman will do
Be verray kynd, and furth scho come hir to.

The hartlie ioy God gif ze had sene,
Weis kith quhen that thir Sisteris met,
And greit kyndenes wes schawin thame betuene,
For quhylis thay leuch, and quhylis for ioy thay gret
Quhyle kissit sweit, quhylis in armis plet,
And thus thay fure quhill soberit wes thair mind,
Syne fute for fute vnto the chalmer wend.

As I hard say it was ane sober wane
Of fog and fairn full febillie wes maid,

B.

¶ The Fabillis

Ane sillie scheill vnder ane steidfast stane,
Of quhilk the entres wes not hie nor braid.
And in the samin thay went but mair abaid,
Without fyre or candill birnand bricht,
For commounlie sie pykeris lufis not licht.

Quhen thay wer lugit thus thir selie Myse,
The zoungest sister into hir butterie zeid,
And brocht furth nuttis, and candil in steid of spyce.
Gif this wes gude fair I do it on thame besyde.
The Burges Mous prompit furth in pryde.
And said sister is this zour daylie fude?
Quhy not (quod scho) is not this meit rycht gude?

¶ Na be my saull I think it bot ane scorne.
Madame (quod scho) ze be the mair to blame,
My mother said sister quhen we wer borne,
That I and ze lay baith within ane wame.
I keip the rate and custume of my dame,
And of my leuing into pouertie,
For landis haif we nane in propertie.

My fair sister (quod scho) haif me excusit
This rude dyet and I can not accord.
To tender meit my stomok is ay vsit,
For quhylis I fair alsweill as ony Lord.
Thir widderit peis, and nuttis or thay be bord
Wil brek my teith, & mak my wame ful sklender,
Quhilk wes befoir vsit to meittis tender.

Weill, weill, sister (quod the rurall Mous),
Gif it pleis zow sic thingis as ze se heir,
Baith meit and drink, harberie and hous,
Salbe zour awin will ze remane all zeir.

Ze sall it haif with blyith and merie cheir,
And that suld mak the maissis that ar rude,
Amang freindis richt tender and wonder gude.

Quhat plesure is in the Feistis delicate
The quhilkis ar geuin with ane glowmād bzow?
Ane gentillhart is better recreat
With blyith curage than seik to him ane Kow.
Ane Modicum is mair foz till allow,
Swa that gude will be keruer at tye dais
Than thzawin will and mony spycit mais.

¶ Foz all hir merie exhoztatioun,
This Burges Mous had lytill will to sing,
Bot heuilie scho kest hir bzowis doun
Foz all the Dayntels that scho culd hir bring,
Zit at the last scho said half in hething,
Sister, this victuall and zour royall feist
May weill suffice vnto ane rurall beist.

Lat be this hole and cum into my place
I sall to zow schaw be experience,
My gude fryday is better noz zour Pace,
My dische weschingis is worth zour haill expēce,
I haif housis anew of greit defence,
Of Cat, noz fall trap, I haif na dzeid.
I grant (quod scho, and on togidder thay zeid.

In stubbill array thzow gers and cozne,
And vnder buskis preuelie couth thay creip,
The eldest wes the gyde and vent befozne,
The zounger to hir wayis tuke gude keip.
On nicht thay ran, and on the day can sleip,
Quhill in the mozning oz the Lauerok sang,

B. ii

Thay fand the toun, and in blythlie couth gang.

Not fer fra thyne vnto ane worthie vane,
This burges brocht thame sone quhar thai fuld be.
Without God speid thair herberie wes tane
In to ane spence with vittell greit plentie,
Baith Cheis and Butter vpone thair skelfis hie,
And flesche and fische aneuch of freshe and salt,
And sekkis full of meill and eik of malt.

Efter quhen thay disposit wer to dyne,
Withouttin grace thay weshe and went to meit.
With all coursis that Cukis culd deuyne,
Muttoun and beif strikin in tailzeis greit.
Ane Lordis fair thus couth thay counterfeit,
Except ane thing thay drank the watter cleir,
In steid of wyne bot zit thay maid gude cheir.

With blyith vpcast and merie countenance,
The eldest Sister sperit at hir gaist.
Gif that scho be ressone fand difference,
Betuix that chalmer and hir sarie nest.
Ze dame (quod scho) how lang will this lest?
For euermair I wait and langer to.
Gif it be swa ze ar at eis (quod scho).

Til eik thair cheir ane subcharge furth scho brocht,
Ane plait of grotis, and ane dische full of meill
Thraf caikkis als I trow scho spairit nocht,
Aboundantlie about hir for to to deill.
And mane full fyne scho brocht in steid of geill,
And ane quhyte candill out of ane coffer stall,
In steid of spyce to gust thair mouth withall.

This maid thay merie quhil thay micht na mair,

And haill Zule haill crpit vpon hie
Zit efter ioy oftymes cummis cair,
And troubill efter greit profperitie,
Thus as thay sat in all thair iolitte,
The spenser come with keyis in his hand,
Oppinnit the dure and thame at denner fand.

⸿ Thay tarpit not to wesche as I suppose,
Bot on to ga quha that micht formest win.
The Burges had ane hole,and in scho gois,
Hir sister had na hole to hyde hir in,
To se that selie Mous it wes greit sin
So desolate and will of ane gude reid,
For betray dreid scho fell in swoun neir deid.

Bot as God wald it fell ane happy cace,
The Spenser had na laser for to byde.
Nouther to seik nor serche,to sker nor chace,
Bot in he went ,and left the dure vp wyde.
The baid Burges his passing weill hes spyde,
Out of hir hole scho come,and crpit on hie.
How fair ze sister cry peip quhair euer ze be.

This rurall Mous lay flatling on the ground
And for the deith scho wes full sair dredand.
For till hir hart straik mony wofull stound,
As in ane feuer scho trimbillit fute and hand.
And quhan hir sister in sic ply hir fand,
For berray pietie scho began to greit,
Syne confort hir with wordis humbill & sweit.

Quhy ly ze thus ryse vp my sister deir?
Cum to zour meit, this perrell is ouerpast.
The vther answerit hir with heuie cheir,

I may not eit sa fair I am agast.
I had leuer thir fourtie dayis fast,
With watter caill and to gnaw benis or peis,
Than all zour feist in this dreid and diseis.

¶ With fair tretie zit scho gart hir vpryse,
And to the burde thay went and togidder sat,
And scantlie had thay drunkin anis or twyse,
Onhen in come Gib hunter our Jolie Cat,
And bad God speid, the Burges vp with that,
And till the hole scho went as fyre on flint,
Bawdronis the vther be the bak hes hint.

Fra fute to fute he kest hir to and fra,
Quhylis vp, quhylis doun, als cant as ony kid.
Quhylis wald he lat hir rin vnder the stra,
Quhylis wald he wink, and play with hir buk heid.
Thus to the selie Mous greit pane he did.
Quhill at the last thro w fortune and gude hap,
Betuix ane burde and the wall scho crap.

And vp in haist behind ane parralling,
Scho clam so hie that Gilbert micht not get hir.
Syne be the cluke thair craftelie can hing,
Till he wes gane hir cheir wes all the better.
Syne doun scho lap quhen thair wes nane to let hir.
And to the Burges Mous loud can scho cry,
Fairweill sister thy feist heir I defy.

Thy mangerie is mingit all with cair,
Thy gude is gude thy gansell sour as gall.
The subcharge of thy seruice is bot sair,
Sa sall thow find heir efterwart na faill.
I thank zone courtyne and zone perpall wall

Of my defence now fra ane crewell beist.
Almychtie God keip me fra sic ane feist.

¶ Ower I into the kith that I come fra,
For weill nor wo, suld neuer cum agane.
With that scho tuke hir leif and furth can ga,
Quhylis throw the corne, & quhylis throw the plane
Quhen scho wes furth and fre scho wes ful fane.
And merilie markit vnto the mure.
I can not tell how weill thairefter scho fure.

¶ Bot I hard say scho passit to hir den,
Als warme als weill suppose it wes not greit,
Full beinly stuffit, baith but and ben
Of Beinis, and Nuttis, Peis, Ry, and Quheit.
Quhen euer scho list scho had aneuch to eit,
In quyet and eis withoutin ony dreid,
Bot to hir sisteris feist na mair scho zeid.

MORALITAS.

Freindis ze may find and ze will tak heid,
Into this fabill ane gude moralitie.
As fitchis myngit ar with nobill seid,
Swa intermynglit is aduersitie,
And als troubill, and sum vexatioun,
With eirthlie ioy, swa that na estait is fre,
That ar not content of small possessioun,
And namelie thay quhilk climmis vp maist hie.

Blissit be sempill lyfe withoutin dreid.
Blissit be sober feist in quietie.
Quha hes aneuch of na mair hes he neid,
Thocht it be lytill into quantitie.
Greit aboundance and blind prosperitie,
Oftymes makis ane evill conclusioun.

The sweitest lyfe thairfoir in this cuntrie,
Is sickernes with small possessioun.

Thy awin fyre my freind, sa it be bot ane gleid,
It warmis weill, and is worth Gold to the.
And Solomon sayis gif that thow will reid,
Under the henin it can not better be,
Than ay be blyith and leif in honestie.
Quhairfoir I may conclude be this ressoun,
Of eirthly ioy it beiris maist degre.
Blyithnes in hart with small possessioun.

CFINIS.

The Taill of Schir Chantecleir and the Foxe.

Thocht brutall beistis be Irrationabill,
That is to say wantand discretioun.
Zit ilk ane in thair kynde naturall
Hes mony diuers inclinatioun.
The Bair busteous, the Wolf: the wylde Lyoun:
The Foxe semis craftie and cautelous:
The Dog to bark on nicht and keip the hous.

Sa different thay ar in properteis,
Unknawin to man, and sa infinite,
In kynd hauand sa fell diuersiteis.
My cunning is excludit for to dyte.
For thy as now I purpose for to wryte.
Ane cais I fand quhilk fell this ather zeir,
Betuix ane Foxe, and ane gentill Chantecleir.

Ane Wedow dwelt, in till ane drop thay dayis,
Quhilk wan hir fude of spinning on hir Rok.
And na mair had forsuth as the Fabill sayis,

Except of hennis scho had ane lytill flok,
With thankis to keip scho had ane iolie Cok:
Richt curageous, that to this wedow ay
Deuydit nicht, and crew befoir the day.

Ane lytill fra this foirsaid wedowis hous,
Ane thornie schaw thair wes of greit defence.
Quhairin ane Foxe craftie, and cautelous,
Maid his repair, and daylie residence.
Quhilk to this wedow did greit violence,
In pyking of pultrie baith day and nicht,
And na way be reuengit on him scho micht.

This wylie Tod quhen that the Lark couth sing,
Full sair hungrie vnto the Toun him drest,
Quhair Chantecleir in to the gray dawing,
Werie for nicht wes flowin fra his nest.
Lowrence this saw, and in his mynd he kest,
The Ieperdie, the wayis, and the wyle,
Be quhat menis he micht this Cok begyle.

Dissimuland in to countenance and cheir,
On kneis fell, and simuland this he said.
Gude morne my maister gentill Chantecleir.
With that the Cok start bakwart in ane braid.
Schir be my Saull, ze neid not be effrayit,
Nor zit for me to start nor fle abak,
I come bot heir service to zow to mak.

Wald I not serue to zow it wer bot blame,
As I haif done to zour progenitoaris.
Zour father full oft fillit hes my wame,
And send me meit fra midding to the muris.
And at his end I did my beste curis,

¶ The Fabillis

To hald his heid, and gif him drinkis warme.
Syne at the last the Sweit swelt in my arme.

¶ Knew ze my Father (quod the Cok) and leuch.
Zea, my fair Sone, I held vp his heid,
Quhen that he deit vnder ane birkin beuch.
Syne said the Dirige quhen that he wes deid,
Betuix vs twa how suld thair be ane feid?
Quhame suld ze traist bot me zour Seruitour,
That to zour Father did sa greit honour.

Quhen I behald zour fedderis fair and gent,
Zour beik, zour breist, zour hekill, and zour came.
Schir be my Saull, and the blissit Sacrament,
My hart is warme me think I am at hame,
To mak zow blyith, I wald creip on my wame
In froist and snaw in wedder wan and weit
And lay my lyart loikkis vnder zour feit.

This fenzeit Foxe fals and dissimulate,
Maid to this Cok ane cauillatioun.
Ze ar me think changit and degenerate
Fra zour Father of his conditioun,
Of craftie crawing he micht beir the Croun,
For he wald on his tais stand and craw.
This wes na le, I stude besyde and saw.

With that the Cok vpon his tais hie,
Kest vp his beik, and sang with all his micht.
(Quod Schir Lowrence) weill said sa mot I the.
Ze ar zour Fatheris Sone and air vpricht.
Bot of his cunning zit ze want ane flicht.
For (quod the Tod) he wald and haif na dout,
Baith wink, and craw, and turne him thryis about.

The

The Cok infect with wind and fals vanegloir,
That mony puttis vnto confusioun.
Traisting to win ane greit worschip thairfoir,
Unwarlie winkand wawland vp and doun,
And syne to chant and craw he maid him boun.
And suddandlie be he had crawin ane note,
The foxe wes war, and hint him be the throte.

℃Syne to the woid but tarie with him hyit,
Of that cryme haifand bot lytill dout.
With that Pertok, Sprutok, and Toppok cryit.
The wedow cryit, and with ane cry come out.
Seand the cace scho sichit and gaif ane schout.
How murther hay with ane hiddeous beir,
Allace now lost is gentill Chantecleir.

As scho wer woid, with mony zell and cry,
Ryuand hir hair vpon hir breist can beit,
Syne paill of hew half in ane extasie,
Fell doun for cair in swooning, and in sweit.
With that the selie hennis left thair meit.
And quhill this wyfe wes lyand thus in swoun,
Fell in that cace in disputatioun.

Allace (quod Pertok) makand sair murning,
With teiris greit attour hir cheikis fell.
Zone wes our drowrie, and our dayis darling,
Our Nichtingaill, and als our Orlege bell.
Our walkryfe watche vs for to warne and tell,
Quhen that Aurora with hir curchtis gray,
Put vp hir heid betuix the nicht and day.

Quha sall our Lemman be? quha sall vs leid?
Quhen we ar sad quha sall vnto vs sing?
                                        C. ij.

With his sweit Bill he wald brek vs the breid
In all this warld wes thair ane kynder thing.
In paramouris he wald do vs plesing
At his power as nature did him geif.
Now efter him allace how sall we leif?

¶Quod Sprutok than, Ceis sister of zour sorrow
Ze be to mad for him sic murning mais.
We sall fair weill, I find Sanct Johne to borrow,
The Prouerb sayis, als gude lufe cummis as gais.
I will put on my haly dayis claithis,
And mak me fresche agane this Jolie May,
Syne chant this sang wes neuer Wedow sa gay.

He wes angrie and held vs ay in aw,
And woundit with the speir of Jelowsie.
Of chalmerglew Pertok, full weill ze knaw
Waistir he wes, of Nature cauld and dry.
Sen he is gone thairfoir Sister say I,
Be blyith in baill, for that is best remeid.
Let quik to quik, and deid ga to the deid.

Than Pertok spak, with fenzeit faith befoir
In lust but lufe he set all his delyte.
Sister ze wait of sic as him ane scoir
Wald not suffice to slaik our appetyte.
I hecht be my hand sen he is quyte,
Within ane oulk for schame, and I durst speik,
To get ane berne suld better claw my breik.

Than Toppok lyke ane Curate spak full crous,
Zone wes ane verray vengeance from the heuin.
He wes sa lous, and sa lecherous.
He had (quod scho) Kittokis ma than seuin.

Bot rychteous God haldand the balandis euin,
Smytis richt sair thocht he be patient
For Adulterie, that will thame not repent.

　Prydefull he wes,and ioyit of his sin,
And comptit not for Goddis fauour nor feid.
Bot traistit ay to rax,and sa to rin,
Quhill at the last his sinnis can him leid
To schamefull end,and to zone suddeand deid.
Thairfoir it is the verray hand of God,
That causit him be werryit with the Tod.

　Quhen this wes said , this Wedow fra hir swoun
Start vp on fute,and on hir kennettis crylt.
How berk Berrie, Bausie, Broun,
Rype schaw, Rin weill, Curtes,Nuttieclyde,
Togidder all but grunching furth ze glyde,
Reskew my Nobill Cok or he be slaue,
Or ellis to me se ze cum neuer agane.

　With that but baid thay braidit ouer the bent,
As fyre of flint thay ouer the feildis slaw,
Full wichtlie thay throw woid and watteris went,
And crissit not schir Lowrence quhill thay saw.
Bot quhen he saw the Kennettis cum on raw,
Unto the Cok in mynd he said,God sen
That I and thow wer fairlie in my den.

　Than said the Cok with sum gude Spirit inspyrit
Do my counsall and I sall warrand the.
Hungrie tho w art, and for greit trauell tyrit,
Richt faint of force,and may not ferther fle.
Swyith turne agane,and say,that I and ze
Freindis ar maid, and sellowis for ane zeir.

Than will thay stint, I stand for it and not steir.

¶This Tod thocht he wes fals and friuolous,
And had freindis his querrell to defend,
Desauit wes be menis richt meruelous.
For fasset failȝeis ay at the latter end.
He start about, and cryit as he wes kend.
With that the Cok he braid out of the beuch
Now Iuge ȝe all quhairat Schir Lowrence leuch.

Begylit thus the Tod vnder the tre
On kneis fell, and said gude Chantecleir.
Cum doun agane, and I but meit or fey
Salbe ȝour man and seruand for ane ȝeir.
Na fals theif, and reuar, stand not me neir.
My bludie hekill, and my nek sa bla
Hes partit freindschip for euer betwene vs twa.

I wes vnwyse that winkit at thy will,
Quhairthrow almaist I loissit had my heid.
I wes mair fule (quod he) to be sa still,
Quhairthrow to put my play in to pleid.
Fair on fals theif, God keip me fra thy feid.
With that the Cok ouer the feildis tuke his flicht,
And in at the Wedowis Luwer couth he licht.

❧MORALITAS.

Now worthie folk suppose this be ane Fabill,
And ouerheillit with typis figurall.
Ȝit may ȝe find ane sentence richt agreabill,
Under thir feinȝeit termis textuall.
To our purpose this Cok weill may we call,
Nyse proud men, woid, and vaneglorious,
Of kin and blude quhilk is presumpteous.

¶ Fv

Fy puft vp pryde,thow is full poysonabill,
Quha fauoris the on force man haif ane fall.
Thy strenth is nocht,thy stule standis vnstabill,
Tak witnes of the Feyndis Infernall,
Quhilk houndit doun wes fra that heuinlie hall
To Hellis hole,and to that hiddeous hous.
Because in pryde thay wer presumptcous.

This fenzeit Foxe may weill be figurate,
To flatteraris richt plesand wordis quhyte.
With fals mening and mynd maist toxicate.
To leif and le,that settis thair haill deigte.
All worthie folk at sic suld haif despyte.
For quhair is thair mair perrillous pestilence,
Nor gif to learis haittelie credence.

Hie wickit mynd and Adulatioun
Of sucker sweit haifand the similitude,
Bitter as gall,and full of poysoun,
To traist it is quha cleirlie vnderstude.
For thy as now schortlie to conclude,
Thir twa sinnis, flatterie,and vaneglore,
Ar mannis enemeis: gude folk fle thame thair foir.

FINIS.

The Taill how this foirsaid Tod, maid his
Confessioun to Freir Wolf Waitskaith.

Leif we this Wedow glaid I zow assure
Of Chantecleir, mair blyith than I can tell.
And speik we of the subteil auenture.
And destenie that to this Foxe befell,
Quhilk durst na mair with waiting Intermell,

¶ The Fabillis

Als lang as leme oz licht wes of the day,
Bot bydand nicht full still lurkand he lay.

¶ Quhill that the Goddes of the flude
Phebus had callit to the harberie.
And Hesperus put vp his cluddie heid,
Schawand his lustie visage in the sky.
Than Lowzence luikit vp, quhair he couth ly,
And kest his hand vpon his Ee on hicht,
Merie and glaid that cummit wes the nicht.

Out of the wod vnto ane hill he went,
Quhair he micht se the twinkling sternis cleir.
And all the Planetis of the firmament,
Thair cours, and eik thair mouing in the Spheir.
Sum Retrograde, and sum Stationer.
And of the Zodiak in quhat degre
Thay wer ilk ane, as Lowzence leirnit me.

Than Saturne auld wes enterit in Capzicozne,
And Juppiter mouit in Sagittarie.
And Mars vp in the Rammis heid wes bozne.
And Phebus in the Lyoun furth ran carie.
Uenus the Crab, the Mone wes in Aquarie,
Mercurius the God of Eloquence
Into the Uirgyn maid his residence.

But Astrolab, Quadzant, oz Almanak,
Teichit of nature be Instructioun,
The mouing of the heuin this Tod can tak,
Quhat influence and Constellatioun
Wes lyke to fall vpon the eirth adoun.
And to him self he said withouttin mair,
Weill wozth my Father, that send me to the lair.

ℭ My deftenie, and eik my weird I ken,
My auentour is cleirlie to me kend.
With mifcheif myngit is my mortall Ene,
My mifleuing the foner bot gif I mend.
It is rewaird of fin ane fchamefull end.
Thairfoir I will ga feik fum Confeffour,
And fchzyue me clene of my finnis to this hour.

Allace (quod he) richt waryit ar we theifis.
Our lyfis fet ilk nicht in auenture.
Our curfit craft full mony man mifcheuis,
For euer we fteill, and euer ar lyke pure.
In dzeid and fchame our dayis we Indure.
Syne widdinek, and Crakraip callit als,
And till our hyre hangit vp be the hals.

Accufand thus his cankerit confcience,
In to ane Craig he keft about his Ee.
So faw he cummand ane lytill than from hence,
Ane worthie Doctour in diuinitie
Freir Uolf Uaitfkaith in fcience wonder fle.
To pzeiche and pray wes new cummit fra the Cloifter,
With Beidis in hand fayand his Pater nofter.

Seand this Uolf this wylie tratour Tod
On kneis feil, with hude in to his nek.
Welcome my Goiftlie Father vnder God,
(Quod he) with mony binge and mony bek.
Ha (quod the Uolf) Schir Tod for quhat effek
Mak ze fic feir, ryfe vp put on zour hude?
Father (quod he) I haif greit caufe to dude.

Ze ar Mirrour, Lanterne, and ficker way,
Suld gyde fic fempill folk as me to grace.

D

Zour bair feit, and zour Russet Cowll of gray,
Zour lene cheik, zour paill pieteous face,
Schawis to me zour perfite halines.
For weill wer him that anis in his lyue
Had hap to zow his sinnis for to schryue.

¶ Na selie Lowrence (quod the Wolf) and leuch,
It pleisis me that ze ar penitent.
Of reif and slouth, Schir, I can tell aneuch,
That causis me full sair for to repent.
Bot Father byde still heir vpon the bent,
I zow beseik, and heir me to declair
My conscience, that prikkis me sa sair.

Weill (quod the Wolf) sit doun vpon thy kne.
And ye doun bair heid sat full humillie.
And syne began with Benedicite.
Quhen I this saw, I drew ane lytill by.
For it effeiris nouther to heir, nor spy,
Nor to reueill thing said vnder that seill,
Vnto the Tod this Gait the Wolf couth tell.

Art thow contrite, and sorie in thy Spreit
For thy Trespas? Na Schir, I can not doid,
Me think that hennis ar sa honie sweit,
And Lambis flesche that new ar lettin bluid,
For to repent my mynd can not concluid,
Bot of this thing, that I haif slane sa few.
Weill (quod the Wolf) in faith thow art ane schrew

Sen thow can not forthink thy wickitnes,
Will thow forbeir in tyme to cum, and mend.
And I forbeir, how sall I leif allace?
Haifand nane vther craft me to defend.

Neid causis me to steill quhair euer I wend.
I eschame to thig, I can not wirk ʒe wait.
Ʒit wald I fane pretend to gentill stait.

℃ Weill (quod the Wolf) thow wātis pointis twa
Belangand to perfyte Confessioun.
To the thrid part of penitence let vs ga,
Will thow tak pane for thy transgressioun?
Na Schir considder my Complexioun,
Selie and waik, and of my Nature tender,
Lo, will ʒe se, I am baith lene and sklender.

Ʒit neuertheles I wald swa it wer licht,
Schort and not greuand to my tendernes,
Tak part of pane, fulfill it gif I micht,
To set my selie Saull in way of grace.
Thow sall (quod he) forbeir flesche vntill Pasche,
To tame this Corps that cursit Carioun.
And heir I reik the full Remissioun.

I grant thairto, swa ʒe will gif me leif,
To eit puddingis, or laip ane lytill blude,
Or heid, or feit, or paynchis let me preif.
In cace I falt of flesche in to my fude.
For greit mister I gif the leif to dude,
Twyse in the ouik, for neid may haif na Law.
God ʒeild ʒow Schir, for that Text weill I knaw

Quhen this wes said, the Wolf his wayis went.
The Foxe on fute he ture vnto the flude,
To fang him fische haillelie wes his intent.
Bot quhen he saw the watter, and wallis wod,
Astonist all still in to ane stair he stude.
And said, better that I had biddin at hame,

D. ii.

Noz bene ane Fischar in the Deuillis Name.

¶ Now man I scraip my meit out of the sand,
And I haif nouther boittis, noz zit Net.
As he wes thus foz falt of meit murnand,
Lukand about his leuing foz to get.
Under ane tre he saw ane trip of Gait.
Than wes he blyith, and in ane heuch him hid,
And fra the Gait he stall ane lytill kid.

¶ Syne ouer the heuch vnto the see he hyis,
And tuke the kid be the hoznis twane,
And in the watter outher twyis oz thzyis
He dowkit him, and till him can he sayne.
Ga doun Schir kid, cu vp Schir Salmond agane.
Quhill he wes deid syne to the land him dreuch,
And of that new maid Salmond eit aneuch.

¶ Thus fynelie fillit with zoung tender meit,
Unto ane derne foz dreid he him addzest,
Under ane busk, quhair that the sone can beit.
To beik his bzeist and bellie he thocht best.
And reklesslie he said quhair he did rest,
Straikand his waine aganis the sonis heit,
Upon this waine set wer ane volt full meit.

¶ Quhen this wes said the keipar of the Gait,
Cairfull in hart his kid wes stollin away,
On euerilk syde full warlie couth he wait,
Quhill at the last, he saw quhair Lowzence lay.
Ane Bow he bent, ane flane with foddzis gray,
He haillit to the heid and oz he steird,
The Foxe he pynkit fast vnto the eird.

¶ Now

¶ Now (quod the Foxe) allace, and wellaway.
Gorrit I am, and may na forther gang.
Me think na man may speik ane word in play,
Bot now on dayis, in ernist it is tane.
He harlit him, and out he drew his Kane.
And for his kid, and vther violence,
He tuke his skyn, and maid ane recompence.

❧ MORALITAS.

This suddand deith, and vnprouysit end
  Of this fals Tod, without prouisioun,
Exempill is exhortand folk to amend,
For dreid of sic ane lyke confusioun.
For mony now hes gude profestioun,
Zit not repentis, nor for thair sinnis greit,
Because thay think thair lustie lyfe sa sweit.

Sum bene also throw consuetude and ryte,
Uincust with carnall sensualitie.
Suppose thay be as for the tyme contryte,
Can not forbeir, nor fra thair sinnis fle.
Use drawis Nature swa in propertie
Of beist and man, that neit largis thay man do,
As thay of lang tyme hes bene vantit to.

Be war gude folk, and feir this suddane schoir,
Out, ilk smyris fair withoutten resistence.
Attend vpwislie, and in zour hartis now,
Agains deith may na man mak defence.
Ceis of zour sin, Remord zour conscience,
Obey vnto zour God, and ze sall vchtd
Efter zour deith, to blis withoutten end.

❧ F. I. F. I. S.

The Taill of the Sone and Air of the foirsaid
Foxe, callit Fatherwer : Alswa the Par-
liament of fourfuttit Beistis, haldin
be the Lyoun.

This foirsaid Foxe, that deit for his misdeid,
Had not ane barne wes gottin richteouslie,
Till airschip be Law that micht succeid,
Except ane Sone, quhilk in Adulterie
He gottin had in purches priuelie.
And till his Name wes callit Fatherwar,
That lusit weill with pultrie to tig and tar.

It followis weill be resoun naturall,
And gre be gre, of richt comparisoun.
Of euill cummis war : of war cummis werst of all.
Of wrangous geir cummis fals possessioun.
This Foxe Bastard of generatioun,
Of verray kynde behufit to be fals.
Swa wes his Father, and his Grandschir als.

As Nature will seikand his meit be sent,
Of cace he fand his Fatheris Carioun,
Nakit, new slane, and till him hes he went,
Take vp his heid, and on his kne fell doun,
Thankand greit God of that conclusioun.
And said, now sall I bruke sen I am air,
The boundis quhair thow wes wont for to repair.

Fy Couetice vnkynd, and venemous.
The Sone wes fane he fand his Father deid,
Be suddand schot, for deidis odious,
That he micht regne, and rax in till his steid.
Dreidand na thing the samin lyfe to leid,

In

In thift, and reif, as did his Father befoir.
Bot to the end attent he tuke no moir.

¶ Zit neuertheles throw Naturall pietie,
The Carioun vpon his bak he rais.
Now find I weill this Prouerb trew (quod he)
Ay rinnis the Foxe, als lang as he fute has.
Syne with the Corps vnto ane peitpott gais,
Of watter full, and keft him in the deip.
And to the Deuill he gaif his banis to keip.

O fulische man plungit in warldlines,
To conqueis warldlie gude, gold, and rent.
To put thy Saull in pane, or bruines,
To riche thy air, quhilk efter thow art went,
Haif he thy gude, he takis bot small tent
To execute, to do, to latiffie,
Thy letter will, thy det, and legacie.

¶ This Tod to reft him, he paffit to ane Craig,
And thair he hard ane buifteous Bugill blaw.
Quhilk as he thocht, maid all the warld to wag.
Ane Unicorne come lanfand ouer ane Law.
Than ftart he vp, quhen he this hard and faw,
With horne in hand, ane bill in breift he bure.
Ane Purſeuant femelie I zow aſſure.

Unto ane bank quhair he micht fe about,
On euerilk fyde in haift he culd him hy.
Schot out his voce, full fchill, and gaif ane fchout.
And on this wyis twyſe, or thryſe did cry.
With that the beiftis in the feild thairby,
All meruliand, quhat ſic ane thing fuld mene.
Greitlie agaft thay gadderit on ane grene.

¶ The Fabillis

¶ Out of his buist ane bill sone can he braid,
And red the Text withouttin tarying.
Commandand silènce, sadlie thus he said.
The Nobill Lyoun, of all beistis the King,
Greting to God helth eu'rlesting.
To brutall beistis, and Irrationall,
I send, as to my subiectis greit and small.

My Celsitude, and hie magnificence,
Lattis yow to wit, that euin incontinent,
Thinkis the morne with Royall diligence,
Upon this hill to hald ane Parliament.
Straitlie thairfoir I gif commandement,
For to compeir befoir my Tribunall,
Under all pane, and perrell that may fall.

¶ The morow come, and Phebus with his bemis
Consumit had the mistie cluddis gray.
The ground wes grene, and als as gold it glemis,
With gers growand gudelie, greit, and gay.
The spyce thay sored to spring on euerilk spray.
The Lark, the Mauveis, and the Merll full hie.
Sweitlie can sing creip and fra tre to tre.

The Leopardis come with Croun of massie gold,
Brirand thay brocht vnto that hillis hicht,
With Jaspis Jonit, and Royall Rubeis rold,
And mony diuerls Dyamontis dicht,
With powis proud ane Palзeoun doun thay picht.
And in that Throne, thair sat ane wild Lyoun,
In Rob Royal, with Sceptour, Swerd, & Croun.

Efter the tennour of the cry befoir,
That gais on all fourfuttit beistis in eirth.

# of Esope.

As thay commandit wer withouttin moir,
Befoir thair Lord the Lyoun thay appeirit.
And quhat thay wer to me as Lowrence leirit.
I sall reheirs ane part of euerilk kynd,
Als fer as now occurris to my mynd.

The Minotaur, ane Monster meruelous,
Bellerophont that beist of Bastardrie.
The Warwolf, and the Pegase perillous,
Transformit be assent of sorcerie.
The Linx the Tiger full of Tirannie:
The Elephant: and eik the Dromedarie:
The Cameill with his Cran nek furth can carie.

℘ The Leopard, as I haif tauld beforne:
The Anteloip: the Sparth furth couth speid:
The payntit Pantheir: and the Unicorne:
The Rayndeir Ran throw Reueir, Rone, and Reid.
The Jolie Gillet, and the gentill Steid:
The Asse: the Mule: the Hors of euerilk kynd,
The Da: the Ra: the hornit Hart: the Hynd.

The Bull: the Beir: the Bugill: and the Bair:
The Tame Cat : Wildcat : & the Wildwod Swyne:
The Hardbakkit Hurcheoun: and the Hirplãd Hair:
Baith Otter, and Aip: and Pennit Porcuppne:
The Gukit Gait: the selie Scheip: the Swyne:
The wyld Once: the Buk: the Wilterand Brok:
The Fowmart, with the Fibert furth can flok.

The gray Grewhound, with Sleuthoũd furth can
With Doggis all diuers and different.   (slyde,
The Ratioun ran, the Giebard iurth can glyde.
The quhrynand Quhitret, with the Quhaisill went,

E

¶ The Fabillis

The Feitho that hes furrit mony fent.
The Mertrik: with the Cunning: and the Con:
The Bouranbane: and eik the Lerioun.

¶ The Marmyſſet : the Mowdewart couth leid,
Becauſe that Nature denyit had hir ſicht.
Thus dreſſit thay all furth, for dreid of deid,
The Muſk,the lytill Mous with all hir micht,
With haiſt ſcho haikit vnto that hill of hicht.
And mony kynd of beiſtis I couth not knaw,
Befoir thair Lord the Lyoun thay loutit law.

Seing thir beiſtis all at his bidding boun,
He gaif ane braid,and lukit him about.
Than flatlingis to his feit thay fell all doun,
For dreid of deith,thay droupit all in dout.
He lukit quhen that he ſaw thame lout,
And bad thame with ane countenance full ſweit,
Be not effeirit,bot ſtand vp on zour feit.

I let zow wit, my micht is merciabill,
And ſteiris nane that ar to me proſtrait.
Angrie,auſterne,and als vnamyabill,
To all that ſtandfray ar to myne eſtait.
I rug,I reif,all beiſtis that makis debait.
Aganis the micht of my Magnificence,
Se nane pretend to pryde in my preſence.

My Celſitude,and my hie Maieſtie,
With micht, and mercie myngit ſall be ay.
The laweſt hart I can full ſone vp hie,
And mak him maiſter ouer zow all I may.
The Dromedarie gif he will mak deray,
The greit Cameill, thocht he wer neuer ſa crous,

                                        I can

I can him law als lytill as ane Mous.

¶ He neir be twentie mylis quhair I am,
The Kid ga saiflie be the gaittis syde.
The Tod Lowrie luke not to the lam.
Na reuand beistis nouther Ryn, nor ryde.
Thay couchit all efter that this wes cryde.
The Iustice bad the Court for to gar fence,
The sutis callit, and foirfalt all absence.

The Panther with his payntit Coit Armour
Fensit the Court, as of the Law effeirit.
Than Tod Lowrie lukit quhair he couth lour,
And start on fute, all stonist and all steird,
Ryisand his hair, he crypit with ane reird,
Quaikand for dreid, and sichand couth he say,
Allace this hour, allace this dulefull day.

I wait this suddand Semblie that I se,
Haifand the pointis of ane Parliament,
Is maid to mar sic misdoaris as me.
Thairfoir gif I me schaw I will be schent,
I will be socht, and I be red absent.
To byde, or fle, it makis not remeid,
All is alyke, thair followis not bot deid.

Perplexit thus in his hart can he mene,
Throw falset how he micht him self defend.
His Hude he drew laich attour his Ene,
And winkand with ane Eye furth he wend.
Clinscheand he come, that he micht not be kend,
And for dreddour that he suld bene arreist,
He playit bukhude behind, fra beist to beist.

O fylit Spreit, and cankerit Conscience,
Befoir ane Roy Renzeit with richteousnes,
Blakinnit cheikis, and schamefull countenance.
Fairweill thy fame defylit for ay is,
The Phisnomie, the fauour of thy face,
For thy defence is foull and diffigurate,
Brocht to the licht blaist, blunt, and blait.

Be thow atteichit with thift, or with treffoun,
For thy mifdeid wrangous, and wickit fay.
Thy cheir changis Lowrence, thou man luke doun,
Thy worfchip of this warld is went away.
Luke to this Toid how he wes in effray
And fe the filth of falfet I the reid,
Quhairthrow thair fallowis fyn, a fchameful deid.

Comperand thus befoir thair Lord and King.
In ordour fet as to thair eftait effeird.
Of euerilk kynd he gart ane part furthbring,
And awfullie he fpak, and at thame fpeird,
Gif thair wes ony kynd of beiftis in erd,
Abfent, and thairto gart thame deiplie fweir,
And thay faid nane, except ane Stude gray Meir.

Ga make ane meffage fone vnto that Stude,
The Court than crypit, now fee quha fall it be,
Cum furth Lowrie lurkand vnder thy hude,
Aa Schir. mercie, lo I haifbot ane Ee,
Hurt in the heid, and cruikit as ze may fe.
The Wolf is better in Ambaffatrie,
And mair cunning in Clergie fer than I.

Rampand he faid, gafurth byrbouris baith.
And thay to ga withouttin tarying,

Ouer

Ouer Ron and Rute thay ran togidder raith,
And fand the Meir at hir meit in the morning.
Now (quod the Tod Madame cum to the King,
The Court is callit, and ȝe ar Contumax,
Let be Lowrence (quod scho) ȝour Courtlie knax.

¶ Maistres (quod he) cum to the Court ȝe mon,
The Lyoun hes commandit so in deid.
Schir Tod tak ȝe the Flyrdome, and the Fon,
I haif respite ane ȝeir, and ȝe will reid.
I can not spell (quod he) sa God me speid,
Heir is the Uolf, ane Nobill Clerk at all,
And of this Message is maid principall.

He is Iutentik, and ane man of age,
And hes greit practik of the Chancellarie.
Let him ga luke, and reid ȝour Priuilege,
And I sail stand, and beir witnes ȝow by.
Quhair is thy Respite (quod the Uolf) in hy?
Schir it is heir vnder my buse weill hid.
Hald vp thy heill (quod he) and so scho did.

Thocht he was blindit with pryde, ȝit he presumis
To luke doun law, quhair that hir letter lay.
With that the Meir gird him vpou the gumis,
And straik the hattrell of his heid away,
Half out of lyif thair lenand doun he lay.
Allace (quod Lowrence) Lupe, thow art loist.
His cunning (quod the Meir) wes worth sum coist.

Lowrence (quod scho) wil thow luke on my letter,
Sen that the Uolf na thing thairof can wyn?
Ȝa be Sanct Bryde (quod he) me think it better,
To sleip in haill, nor in ane hurt skyn.

The Fabillis

Ane skrow I fand and this wes wzittin in,
Foz fiue schillingis I wald not anis fozfault him,
Felix quem faciunt aliena pericula cautum.

With bzokin skap,and bludie cheikis reid,
This wzetchit Wolf weipand,thus on he went,
Of his menze markand to get remeid,
To tell the king the cace wes his Intent.
Schir (quod the Tod) byde still vpon this bent,
And fra zour bzowis wesche away the blude.
And tak ane dzink, foz it will do zow gude.

To feche watter this frandfull foxe kurth fure,
Sydelingis abak he socht vnto ane slyke.
On cace he meittis cummand fra the mure,
Ane Trip of Lambis dansand on ane dyke.
This Tratour Tod,this Tirrane, and this Tyke,
The fattest of this flock, he fellit hais.
And eit his fill,syne to the Wolf he gais.

Thay dzank togidder,& syne thair Journey takis,
Befoir the king, syne kneillit on thair kne.
Quhair is zone Meir,Schir Tod,wes Contumax?
Than Lowzence said, my Lozd,speir not at me.
Speir at zour Doctour of Diuinitie,
With his reid Cap can tell zow weill aneuch.
With that the Lyoun,and all the laif thay leuch.

Tell on the cais,now Lowzence let vs heir.
This wittie Wolf (quod he) this Clerk of age,
On zour behalf he bad the Meir compeir.
And scho allegit to ane pziuilege,
Cum neir,and se,and ze sall haif zour wage.
Because he red hir respite plane and weill,

Zone

Zone reid Bonat scho raucht him with hir hestt.

¶The Lyoun said, be zone reid Cap I ken,
This Taill is trew,quha tent vnto it takis.
The greitest Clerkis ar not the wysest men.
The hurt of ane happie the vther makis.
As thay wer carpand in this cais,and knakis,
And all the Court in meriues and in gam.
Swa come the Zow the Mother of the Lam.

Befoir the Justice on hir kneis fell,
Put out hir playnt on this wyis wofullie.
This harlet huresone,and this hound of hell.
Deuorit hes my Lamb full doggitlie,
Within ane myle,in contrair to zour cry.
For Goddis lufe, my Lord,gif me the Law
Of this lurker,with that Lowrence let draw.

Byde (quod the Lyoun) Lymmer let vs se,
Gif it be suthe the selie Zow hes said.
Aa Soueraue Lord,saif zour mercie (quod he.)
My purpois wes with him for to haif playid.
Causles he fled as he had bene effrayid,
For dreid of deith,he duschit ouer ane dyke,
And brak his nek. Thow leis (quod scho) fals tyke.

His deith be practik may be preuit eith,
Thy gorrie gumis, and thy bludie snout.
The woll,the flesche zit stikkis on thy teith,
And that is euidence aneuch but dout.
The Justice bad ga cheis ane Assyis about.
And so thay did, and fand that he wes fals
Of Murther, thift,pyking,and tressoun als.

¶ The Fabillis

¶ Thay band him fast, the Justice bad belyif
To gif the dome, and tak of all his clatthis.
The Wolf that new maid Doctour couth him schzyif,
Syne furth him led, and to the Gallous gais,
And at the ledder fute his leif he tais.
The Aip wes Boucher, and bad him sone ascend.
And hangit him, and thus he maid his end.

❧ MORALITAS.

Richt as the Mynour in his Minozall,
Fair gold with fyze may fra the Leid weil wyn
Richt so vnder ane Fabill figurall,
Sad sentence men may seik: and efter syne
As daylie dois the Doctouris of Deuyne,
That to our leuing full weill can apply
And paynt thair mater furth be Poetry.

The Lyoun is the warld be liknes,
To quhome loutis baith Empziour, and King,
And thinkis of this warld to get Incres,
Thinkand daylie to get mair leuing.
Sum foz to reull: and sum to raxe and Ring.
Sum gadderis geir: sum gold: sum vther gude
To wyn this warld, sum wirkis as thay wer wod.

The Meir is Men of gude conditioun.
As Pilgrymes walkand in this wildernes
Appzouand that foz richt Religioun
Thair God onlie to plets in euerilk place,
Abstractit from this warldis wzetchitnes,
Fechtand with lust, pzesumptioun and pzyde,
And fra this warld in mynd ar moztyfyde.

This Wolf I likkin to Sensualitie,

As quhen

As quhen lyke brutall beistis we accord
Our mynd all to this warldis vanitie,
Lyking to tak, and loif him as our Lord.
Fle fast thairfra, gif thow will richt remord,
Than sall Ressoun ryse, Rax, and Ring,
And for thy Saull thair is na better thing.

¶Hir Hufe I likkin to the thocht of deid.
Will thow remember, Man, that thow man de,
Thow may brek Sensualiteis heid,
And fleschlie lust away fra the sall fle,
Fra thow begin thy mynd to mortifie.
Salomonis saying thow may persaif heirin,
Think on thy end, thow sall not glaidlie sin.

This Tod I likkin to Temptationis,
Beirand to mynd mony thochtis vane,
Assaultand men with sweit persuasionis,
Ay reddie for to trap thame in ane trayne.
Zit gif thay se Sensualitie neir slane
And suddand deith draw neir with panis sore,
Thay go abak, and temptis thame no moir.

O Mediatour mercifull, and meik,
Thow Soueraine Lord, and king Celestiall.
Thy Celsitude maist humillie we beseik,
Vis to defend fra pane and perrellis all.
And help vs vp vnto thy heuinlie hall,
In gloir, quhair we may se the face of God.
And thus endis the talking of the Tod.
¶FINIS.

¶The Taill of the Scheip, and the
Doig.

F.

The Fabillis

 Æsope ane Taill puttis in memorie,
How that ane Doig, because that he wes pure,
Callit ane Scheip to the Consistorie,
Ane certane breid fra him for to recure.
Ane fraudfull Wolf wes Iuge that tyme, and bure
Authoritie, and Iurisdictioun,
And on the Scheip send furth ane strait summoun.

For be the vse, and cours, and commoun style,
On this maner maid his Citatioun.
I Maister Wolf partles of fraud and gyle,
Under the panis of hie Suspensioun,
Of greit Cursing and Interdictioun,
Schir Scheip, I charge the, for to compeir,
And answer to ane Doig befoir me heir.

Schir Corbie Rauin wes maid Apparitour,
Quha pykit had full mony Scheipis Ee.
The charge hes tane, and on the letteris bure,
Summonit the Scheip befoir the Wolf, that he
Peremptourlie within twa dayis, or thre,
Compeir vnder the panis in this bill,
To heir quhat Perrie Doig will say the till.

This Summondis maid befoir witnes anew,
The Rauin as to his office weill effeird,
Indorsat hes the write, and on he flew.
The selie Scheip durst lay na mouth on eird,
Till he befoir the awfull Iuge appeird.
The hour of cause, quhilk that the Iuge vsit than,
Quhen Hesperus to schaw his face began.

The Foxe wes Clerk, and Noter in the cause.
The Gled, the Graip at the Bar couth stand,

A₅

As Aduocatis expert in to the Lawis,
The Doggis pley togidder tuke on hand,
Quhilk wer considderit straitlie in ane band,
Aganis the Scheip to procure the sentence.
Thocht it was fals thay had na conscience.

¶The Clerk callit the Scheip, and he wes thair.
The Aduocatis on this wyse couth propone.
Ane certane breid, worth fyue schilling or mair,
Thow aw the Doig, of quhilk the terme is gone.
Of his a win heid but Aduocate allone,
The Scheip aupstirlie gaif answer in the cace.
Heir I declyne the Juge, the tyme, the place.

This is my cause, in motiue and effect.
The Law sayis, it is richt perrillous,
Till enter in pley befoir ane Juge suspect.
And ze Schir Wolf, hes bene richt odious
To me, for with zour Tuskis rauenous.
Hes slane full mony Kinnismen of myne.
Thairfoir Juge, as suspect, I zow declyne.

And schortlie, of this Court ze memberis all,
Baith Assessouris, Clerk, and Aduocate,
To me and myne ar enemeis mortall,
And ay hes bene, thocht I mycht not it lat.
The place is fer, the tyme is insperate.
Quhairfoir na Juge suld sit in Consistorie,
Sa lait at euin, I zow accuse for thy.

Quhen that the Juge on this wyse wes accusit,
He bad the parteis cheis with ane assent,
Twa Arbiteris, as in the Law is vsit,
For to declair, and git Arbitrement,

F. ii.

Quhidder the scheip suld answer in Jugement,
Befoir the Volf: and so thay did but weir,
Of quhome the Namis efterwart ʒe sall heir.

The Beir, the Brok, the mater tuke on hand,
For to decyde, gif this exceptioun
Wes of na strenth, nor lauchfullie mycht stand.
And thairupon as Jugis thay sat doun,
And held ane lang quhile disputatioun,
Seikand full mony Decreittis of the Law,
And Glosis als, the veritie to knaw.

Of Ciuile Law volumis full mony thay reuolue,
The Codies, and Digestes new and ald.
Contrait, Prostrait Argumentis thay resolue.
Sum obiecting, and sum can hald.
For prayer, or price, trow ʒe that thay wald fald?
Bot had the glose, and Text of the Decreis,
As trew Jugis. J beschrew thame ay that leis.

Schortlie to mak ane end of this debait,
The Arbiteris than did sweir full plane.
The sentence gaif, and proces fulminat,
The Scheip suld pas befoir the Volf agane,
And end his pley. Than wes he nathing fane,
For fra thair sentence couth he not appeill.
On Clerkis J do it, gif this sentence wes leill.

The Scheip agane befoir the Volf derenʒeit,
But Aduocate abaisitlie couth stand.
Up rais the doig, and on the Scheip thus plenʒeit,
Ane soume J payit haif befoir the hand,
For certane breid thairto ane Borrow he fand,
That wrangouslie the Scheip did hald the breid,

Quhilk

Quhilk he denyit: and thair began the pleid.

And quhen the Scheip this stuf had contestait,
The Justice in the cause furth can proceid.
Lowrence the actis, and the proces wrait,
And thus the pley vnto the end thay speid.
This Cursit Court corruptit all for meid,
Aganis gude faith, Law, and eik conscience,
For this fals Doig pronuncit the sentence.

And it till put to executioun,
The Volf chargit the Scheip without delay,
Under the panis of Interdictioun,
The soume of siluer, or the breid to pay.
Of this sentence (allace) quhat sall I say?
Quhilk dampnit hes the selie Innocent,
And Justifyit the wrangous Jugement.

The Scheip dreidand mair executioun,
Obeyand to the sentence, he couth tak
His way vnto ane Merchand of the Toun,
And sauld the woll that he bure on his bak.
Syne bocht the breid, and to the Doig couth mak
Reddie payment as it commandit was.
Nakit and bair syne to the feild couth pas.

MORALITAS.

This selie Scheip may present the figure,
Of pure commounis that daylie is opprest,
Be Tirrane men, quhilkis settis all thair cure,
Be fals menis, to mak ane wrang conquest,
In hope, this present lyfe suld euer lest.
Bot all begylit, thay will in schort tyme end,
And efter deith to lestand panis wend.

The Fabillis

This Wolf, I likkin to ane Schiref stout,
Quhilk byis ane forfalt at the kingis hand.
And hes with him ane cursit Assyis about,
And dytis all the pure men vp on land.
Fra the Crownar haif laid on him his wand,
Thocht he wer trew as euer wes Sanct Johne,
Slane sall he be, or with the Iuge compone.

This Rauin, I likkin to ane fals Crownar,
Quhilk hes ane portioun of the Inditement,
And passis furth befoir the Iustice Air,
All misdoaris to bring to Iugement.
Bot luke gif he wes of ane trew Intent,
To Scraip out Johne, and wryte in Will, or Wat,
And swa ane bud at baith the parteis tak.

Of this fals Tod of quhilk I spak befoir,
And of this Gled, quhat thay micht signifie.
Of thair nature, as now I sprik no moir.
Bot of this Schew, and of his cairfull cry,
I sall rehers, for as I passit by,
Quhair that he lay on cais I lukit doun,
And hard him mak sair lamentatioun.

Allace (quod he) this cursit Consistorie,
In middis of the winter now is maid,
Quhen Boreas with blastis bitterlie,
And hard froistis thir flouris doun can faid.
On bankis bair now may I walk na vaid.
And with that word in to ane coif he crap,
Fra sair wedder, and noistis him to hap.

Quaikand for cauld, sair murnand ay amang,
Lifft vp his Ee vnto the heavinnis hicht.

And said, Lord God,quhy sleipis thow sa lang:
Walk,and discerne my cause groundit on richt.
Se how I am be fraud, injustice, and slicht,
Peillit full bair,and so is mony one,
Now in this warld, richt wonder wobegone.

Se how this cursit sone of couetice,
Loist hes baith lawtie,and eik Law.
Now few,or nane will execute Iustice,
In fait of quhome,the pure man is ouerthraw.
The veritie suppois the Iuge it knaw,
He is so blindit with affectioun,
But dreid for micht he lettis the richt go doun.

Seis thow not (Lord) this warld ouerturnit is,
As quha wald change gude gold in leid or tyn?
The pure is peillit, the Lord may do na mis.
And Simonie is haldin for na syn.
Now is he blyith with okker maist may win.
Gentrice is slane, and pietie is ago.
Allace (gude Lord) quhy tholis thow it so?

Thow tholis this euin for our greit offence,
Thow sendis vs troubill, and plaigis soir.
As hunger derth,greit weir,or Pestilence.
Bot few amendis now thair lyfe thairfoir.
We pure pepill as now may do no moir,
Bot pray to the, sen that we ar opprest
In to this eirth, grant vs in heuin gude rest.
FINIS.

The Taill of the Lyoun, and the Mous.

IN middis of Iune, that sweit seasoun,
Quhen that fair Phebus with his bemis bricht,

¶ The Fabillis

Had drylt vp the dew fra daill and doun,
And all the land maid with his bemis licht.
In ane morning betuir mid day, and nicht,
I rais,and put all fleuth,and fleip afyde.
And to ane wod I went allone but gyde.

¶ Sweit wes the fmel of flouris quhyte and reid.
The noyes of birdis richt delitious.
The bawis braid blomit abone my heid.
The ground growand with gers gratiouz.
Of all plefance,that place wes plenteous,
With fweit odouris,and birdis harmonie,
The Murning Myld,my mirth wes mair for thy.

The Rofis reid arrayit on Rone and Ryce.
The Prymeros,and the Purpour Uiola.
To heir it wes ane poynt of Paradice,
Sic Mirth the Mauis,and the Merle couth ma.
The bloffummis blyith brak vp on bank and bra,
The fmell of Herbis, and of foullis cry,
Contending quha fuld haif the victorie.

Me to conferue than fra the fonis heit,
Under the fchadow of ane Hawthorne grene,
I lenit doun amang the flouris fweit,
Syne cled my heid, and clofit baith my Ene.
On fleip I fell amang thir bewis bene.
And in my dreme , me thocht come throw the fchaw,
The fairest man that euer befoir I faw.

His gowne wes of ane claith,als quhyte as milk.
His Chemeis wes of Chambelate Purpour Broun.
His hude of Scarlet,bordowrit weill with filk,
On hekillit wyis vntill his girdill doun.

His

His Bonat round, and of the auld fassoun.
His heid wes quhyte, his Ene wes greit and gray,
With lokker hair, quhilk ouer his schulderis lay.

¶ Ane Roll of paper in his hand he bair.
Ane Swannis pen stikand vnder his eir.
Ane Inkhorne, with ane prettie gilt Penniair,
Ane bag of silk, all at his belt can beir.
Thus was he gudelie graithit in his geir,
Of stature large, and with ane feirfull face.
Euin quhair I lay he come ane sturdie pace.

And said, God speid my sone: and I wes fane
Of that couth word, and of his cumpanie.
With reuerence I salusit him agane,
Welcome Father: and he sat doun me by.
Displeis zow not my gude maister, thocht I
Demand zour birth, zour facultie, and name,
Quhy ze come heir, or quhair ze dwell at hame?

My sone (said he) I am of gentill blude.
My natiue land is Rome withouttin nay.
And to the Towne first to the Sculis I zude,
In Ciuile Law studyit full mony ane day.
And now my winning is in Heuin for ay.
Is couth and kend to mony cunning Clerk,
Esope I hecht, my wryting and my werk,

O Maister Esope Poet Laureate,
God wait ze at full deir welcum to me.
Ar ze not he that all thir Fabillis wrait,
Quhilk in effect suppois thay fenzeit be,
Ar full of prudence and moralitie?
Fair sone (said he) I am the samin man.

S

God wait gif that my hert wes merie than.

℆ I said, Esope my Maister Uenerabill,
I zow beseik hartlie for cheritie,
Ze wald not disdapne to tell ane prettie Fabill,
Concludand with ane gude Moralitie.
Schaikand his heid,he said, my sone lat be,
For quhat is it worth to tell ane fenzeit taill,
Quhen halp preiching may na thing auaill?

Now in this warld me think richt few or nane,
To Goddis word that hes deuottoun.
The eir is deif, the hart is hard as stane.
Now oppin sin without correctioun.
The eir Inclynand to the eirth ay doun.
Sa roustie is the warld with canker blak,
That now my taillis may lytill succour mak.

Zis gentill Schir (said I) for my requeist,
Not to displeis zour Fatherheid, I pray,
Under the figure of ane brutall beist,
Ane morall Fabill ze wald denze to say.
Quha wait, nor I may leir and beir away
Sum thii.g thairby heirefter may auaill?
I grant (quod he) and thus begouth ane taill.

℆ The end of the Prolog, and beginnis
the Taill.

A Ne Lyoun at his Pray berray forrun,
    To recreat his limmis and to rest,
Beikand his breist,and bellie at the Sone,
Under ane tre lay in the fair Forrest.
Swa come ane trip of Myis out of thair nest,

Rycht

Ryche tale and trig, all dansand in ane gyis,
And ouer the Lyoun thy dansit twyis, or thryis.

The lay so still, the Myis wes not effeird,
Bot to and fro out ouer him tuke thair trace.
Sum tirilit at the Campis of his beird,
Sum spairit not to claw him on the face,
Merie and glaid, thus dansit thay ane space,
Till at the last, the Nobill Lyoun woke,
And with his paw, the maister Mous he tuke.

Scho gaif ane cry, and all the laif agast,
Thair dansing left, and hid thame heir and thair.
Scho that wes tane, cryit and weipit fast.
And said allace oftymes that scho come thair.
Now am I tane ane wofull presonair,
And for my gilt traistis Incontinent,
Of lyfe and deith, to thoill the Jugement.

Than spak the Lyoun to that cairfull Mous.
Thow Caitiue wreche, and vile vnworthie thing,
Ouer malapert, and eik presumpteous
Thow wes, to mak out ouer me thy tripping.
Knew thow not weill, I wes baith Lord and King
Of beistis all. Zes (quod the Mous) I knaw.
Bot I misknew, becaus ze lay so law.

Lord, I beseik thy Kinglie Royaltie,
Heir quhat I say, and tak in pacience.
Considder first my simple pouertie,
And syne thy mychtie Magnificence.
Se als now thingis done of Negligence,
Nouthir of malice, nor of presumptioun,
The rather suld gaif grace and Remissioun.
                              G. U.

We wer repleit, and had greit aboundance
Of alkin thingis, sic as to vs effeird.
The sweit sesoun prouokit vs to Dance,
And mak sic mirth as nature to vs leird.
Ze lay so still, and law vpon the eird,
That be my saull, we weind ze had bene deid.
Ellis wald we not haif dancit ouer zour heid.

Thy fals excuse, the Lyoun said agane,
Sail not auaill ane myte I vndertak.
I put the cace, I had bene deid, or slane,
And syne my skyn bene stoppit full of stra.
Thocht thow had found my figure lyand swa,
Because it bair the prent of my persoun,
Thow suld for feir on kneis haif fallin doun.

For thy trespas thow sall mak na defence,
My Nobill persoun thus to vilipend.
Of thy feiris, nor thy awin negligence,
For to excuse thow can na caus pretend.
Thairfoir thow suffer sall ane schamefull end,
And deith, sic as to tressoun is decreit,
Upon the Gallous hangit be the feit.

Na mercie Lord, at thy gentrice I ase,
As thow art king of beistis Coronat,
Sober thy wraith, and let it ouerpax.
And mak thy mynd to mercy Inclynat.
I grant offence is done to thyne estait,
Quhairfoir I worthie am to suffer deid,
Bot gif thy cumlie mercie reik remeid.

In euerie Juge mercy and treuth suld be,
As Assessouris, and Collaterall.

With out mercie Justice is crueltie,
As said is in the Lawis speciall.
Quhen Rigour sittis in the Tribunall,
The equitie of Law quha may sustene?
Richt few oz nane but mercie gang betwene.

⸿ Alswa ze knaw the honour Triumphall,
Of all Uictour, vpon the strenth dependis
Of his compair, quhilk manlie in battell
Throw Jeopardie of weir lang defendis.
Quhat price oz louing quhen the battell endis,
Is said of him, that ouercum.nis ane man,
Him to defend quhilk nouther may, noz can?

Ane thousand Myis to kill, and eik deuoir,
Is lytill manheid to ane strang Lyoun.
Full lytill worschip haif ze wyn thairfoir,
To quhais strenth is na comparisoun:
It will degraid sum part of zour renoun,
To sla ane Mous, quhilk may mak na defence,
Bot askand mercie at zour excellence.

Also, it semis not zour Celsitude,
Quhilk vsis daylie mentis delitious,
To fyle zour teith, oz lippis with my blude,
Quhilk to zour stomok is contagious.
Unhailsum meit is of ane sarie Mous,
And that namelie vntill ane strang Lyoun,
Uont till be fed with gentill Uennisoun.

My lyfe is lytill worth, my deith is les.
Zit and I leif, I may peraduenture
Supple zour hienes beand in distres.
Foz oft is sene, ane man of small stature,

Rekkewit hes ane Lord of hie honour,
Kelpit that wes in point to be outthrawin.
Throw misfortune, sic cace may be your awin.

¶ Quhen this wes said, the Lyoun his language
Paissit, and thocht according to ressoun.
And gart mercie his cruell Ire asswage,
And to the Mous grantit Remissioun.
Oppinnit his Poll, and scho on kneis fell doun,
And baith hir handis vnto the heuin vpheld,
Cryand, Almychtie God mot zow forzcild.

Quhen scho wes gone, the Lyoun held to hunt,
For he had nocht, bot leuit on his Pray
And slew baith tayme and wyld, as he wes wont,
And in the cuntrie maid ane greit deray.
Till at the last, the pepill land the way,
This cruell Lyoun how that thay mycht tak.
Of Hempyn cordis strang Nettis couth thay mak.

And in ane Rod, quhair he wes wont to ryn,
With Raipis rude fra tre to tre it band.
Syne kest ane Range on raw the woid within,
With hornis blast, and Kennettis fast calland.
The Lyoun fled, and throw the Ron rynnand,
Fell in the Net, and hankit fute and heid,
For all his strenth he couth mak na remeid.

Welterand al out with hiddeous rummissing,
Quhyle to, quhyle fra, quhil he mycht succour get.
Bot all in vane, it vailzeit him na thing.
The mair he flang, the faster wes the Net,
The Raipis rude wes sa about him knit,
On euerilk syde, that succour saw he nane,

Bot

Bot still lyand, and murnand maid his mane.

O lamit Lyoun liggand heir sa law,
Quhair is the mycht of thy Magnificence?
Of quhome all brutall beist in eird stude aw,
And dred to luke vpon thy Excellence.
But hoip, or help, but succour, or defence,
In bandis strang heir man I ly (allace)
Till I be slane, I se nane vther grace.

Thair is na wy that will my harmis wreik,
Nor creature do confort to my Croun.
Quha sall me bute? quha sall my bandis brek?
Quha sall me put fra pane of this Presoun?
Be he had maid this lamentatioun,
Throw auenture, the lytill Mous come neir,
And of the Lyoun hard the pietuous beir.

And suddandlie it come in till hir mynd,
That it suld be the Lyoun did hir grace,
And said, now wer I fals, and richt vnkynd,
Bot gif I quit sumpart of thy gentrice
Thow did to me: and on this way scho gais
To hir fellowis and on thame fast can cry.
Cum help, cum help, and thay come all in hy.

Lo (quod the Mous) this is the samin Lyoun,
That grantit grace to me, quhen I wes tane.
And now is fast heir buudin in Presoun,
Brekand his hart, with sair murning and mane.
Bot wthim help of succour wait he nane.
Cum help to quyte ane gude turne for ane vther.
So lous hym lone, and thay said, zea gude brother.

¶ Thay tuke na knyfe, thair teith wes scharp &
To se that sicht, forsuith it wes greit wōder. (neuch:
How that thay ran amang the raipis teuch,
Befoir, behind, sum zeid about, sum vnder.
And schuir the raipis of the Mast in schuuder,
Syne bad him ryse, and he start vp anone,
And thankit thame, syne on his way is gone,

Now is the Lyoun fre of all danger,
Lous and deliuerit to his libertie,
Be lytill beistis of ane small power.
As ze haif hard, becaufe he had pietie.
(Quod I) Maister is thair ane moralitie
In this Fabill? zea sone (he said) richt gude.
I pray zow Schir (quod I) ze wald conclude.

MORALITAS.

AS I suppois, this mychtie gay Lyoun,
Ane Potestate, or zit ane King with Croun,
Quhilk suld be walkrife gyde, and Gouernour,
May signifie ane Punce, or Empriour
Of his pepill that takis na labour
To reule, and steir the land, and Justice keip,
Bot lyis still in lustis, sleuth, and sleip.

The fair Forrest with leuis lowne and se,
With foullis sang, and flouris ferlie sweit,
Is bot the warld, and his prosperitie,
As fals plesance myngit with cair replett.
Rycht as the Rois with froist and wynter weit
Faidis, swa dois the warld, and thame desauis,
Quhilk in thair lustis maist confidence hauis.

Thir lytill Myis, ar bot the commountie,
Wantoun,

Wantoun, vnwyse, without correctioun.
Thair Lordis, and Princis quhen that thay se,
Of Justice mak nane execution,
Thay dreid na thing to mak Rebellioun,
And disobey: for quhy they stand nane aw,
That garris thame thair Soueranis misknaw.

   Be this Fabill, ȝe Lordis of Prudence
May considder the vertew of Pietie.
And to remit sumtyme ane greit offence,
And mitigate with mercy crueltie.
Oftymis is sene ane man of small degre,
Hes quit ane turne baith for gude and euill,
As Lord hes done Rigour, or grace him till.

   Quha wait how sone ane Lord of greit Renoun,
Rolland in warldlie lust, and vane plesance,
May be ouerthrawin, destroyit, and put doun,
Throw fals fortoun? quhilk of all variance
Is haill maistres, and leidar of the dance
Till Iniust men, and blindis thame so soir.
That thay na perrell can prouyde befoir.

   Thir cruell men, that stentit hes the Net,
In quhilk the Lyoun suddandlie wes tane:
Waittit alway amendis for to get.
(For hurt men wrytis in the Marbill stane)
Mair till expound, as now I let allane.
Bot King and Lord may weill wit quhat I mene:
Figure heirof oftymis hes bene sene.

   Quhen this wes said (quod Esope) my fair child
I ȝow beseik, and all men for to pray,

H

¶The Fabillis

That treſſoun of this cuntrie be exyld,
And Juſtice Regne, and Lordis keip thair fay
Unto thair Souerane Lord baith nicht and day.
And with that word he vaniſt, and I woke.
Syne throw the Schaw my Journey hamewart
          ¶FINIS.   (tuke.

¶The Preiching of the Swallow.

THe hie Prudence, and wirking meruelous,
    The profound wit of God omnipotent,
    Is ſa perfyte, and ſa Ingenious,
Excellent far all mannis Jugement.
For quhy to him all thing is ay preſent,
Richt as it is, or ony tyme ſall be,
Befoir the ſicht of his Diuinitie.

    Thairfoir our Saull with Senſualitie
So fetterit is in preſoun Corporall,
We may not cleirlie vnderſtand, nor ſe
God, as he is, nor thingis Celeſtiall.
Our mirk and deidlie corps Naturall,
Blindis the Spirituall operatioun,
Lyke as ane man wer bundin in preſoun.

    ¶In Metaphiſik Ariſtotell ſayis,
That mannis Saull is lyke ane Bakkis Ee,
Quhilk lurkis ſtill, als lang as licht of day is,
And in the gloming cummis furth to fle.
Hir Ene at waik, the Sone ſcho may not ſe.
Sa is our Saull with fantaſie oppreſt,
To knaw the thingis in nature manifeſt.

    For God is in his power Infinite:

And mannis Saull is febill, and ouer small,
Of vnderstanding waik, and vnperfite
To comprehend him that contenis all.
Nor suld presume be ressoun naturall
To seirche the secreittis of the Trinitie,
Bot trow fermelie, and lat all ressoun be.

¶ Zit neuertheles we may haif knawlegeing
Of God almychtie, be his Creaturis.
That he is gude, fair, wyis and bening,
Exempill tak be thir Jolie flouris,
Rycht sweit of smell, and plesant of colouris.
Sum grene, sum blew, sum purpour, quhyte, & reid,
Thus distribute be gift of his Godheid.

The firmament payntit with sternis cleir,
From eist to west rolland in cirkill round.
And euerilk Planet in his proper Spheir,
In mouing makand Harmonie and sound.
The fyre, the Air, the watter, and the ground,
Till vnderstand it is aneuch, I wis,
That God in all his werkis wittie is.

Luke weill the fische that swimmis in the se.
Luke weill in eirth all kynd of bestiall.
The foullis fair sa forcelie thay fle,
Scheddand the air with pennis greit and small.
Syne luke to man, that he maid last of all,
Lyke to his Image, and his similitude,
Be thir we knaw, that God is fair and gude.

All Creature he maid for the behufe
Of man, and to his supportatioun,
In to this eirth, baith wilder and abufe,

P. ij.

¶ The Fabillis

In number, wecht, and dew proportioun,
The difference of tyme, and ilk seasoun,
Concordand till our oportunitie.
As daylie be experience we may se.

   ¶ The Somer with his Iolie mantill of grene,
With flouris fair furrit on euerilk sent.
Quhilk Flora Goddes of the flouris Quene,
Hes to that Lord as for his seasoun lent.
And Phebus with his goldin bemis gent,
Hes purfellit and payntit plesandlie,
With heit and moysture stilland from the sky.

   Syne Haruest hait, quhen Ceres that Goddes
Hir barnis bewit hes with abundance.
And Bacchus God of wyne renewit hes
The tume Pyipis, in Italie, and France,
With wynis wicht, and liquour of plesance.
And Copia temporis to fill hir horne,
That neuer wes full of quheit, nor vther corne.

   Syne wynter wan, quhen Austerne Eolus,
God of the wynd with blastis boreall,
The grene garment of Somer glorious,
Hes all to rent, and reuin in pecis small.
Than flouris fair faldit with froist, man fall.
And burdis blyith changit thair noitis sweit,
In still murning, neir slane with snaw, and sleit.

   Thir dalis deip with dubbis drownit is.
Baith hill and holt heillit with froistis hair.
And bewis bene ar baissit bair of blis,
Be wickit windis of the wickit wair.
All wyld beistis than from the rentis bair

Drawis

Drawlis for dreid vnto thair dennis deip,
Coucheand for cauld iu coiffis thame to keip.

¶ Syne cummis Uer, quhen winter is away,
The Secretar of Somer with his Seill.
Quhen Columbie vp keikis throw the clay,
Quhilk fleit wes befoir with frostis fell.
The Mauis, and the Merle beginnis to mell:
The Lark on loft, with vther birdis small,
Than drawis furth fra derne, ouer doun and daill.

That samin seasoun, in to ane soft morning,
Richt blyith that bitter blastis wer ago,
Unto the wod to se the flouris spring,
And heir the Maueis sing, and birdis mo.
I passit furth, syne lukit to and fro
To se the Soill, that wes richt sessonabill,
Sappie, and to resaif all seidis abill.

Mouing thusgait greit mirth I tuke in mynd
Of laubozaris to se the besines.
Sum makand dyke, and sum the pleuch can wynd,
Sum sawand seidis fast from place to place.
The Harrowis hoppand in the saweris trace.
It wes greit Joy to him that lufit corne,
To se thame laubour, baith at euin and morne.

And as I baid vnder ane bank full bene,
In hart greitlie reiosit of that sicht.
Unto ane hedge, vnder ane Hawthorne grene
Of small birdis thair come ane ferlie flicht.
And doun belyif can on the leifis licht,
On euerilk syde about me quhair I stude,
Richt mtruelous ane mekill multitude.

¶ The Fabillis

Amang the quhilkis, ane Swallow loud couth cry,
On that Hawthorne hie in the croip sittand.
O ʒe Birdis, on leiffis, heir me by,
Ʒe fall weill knaw, and wyfflie vnderftand,
Quhair danger is, oꝛ perrell appeirand,
It is greit wifedome to pꝛouyde befoir,
It to deuoid, foꝛ dꝛeid it hurt ʒow moir.

    Schir Swallow (quod the Lark) agane & leuch,
Quhat haif ʒe fene, that caufis ʒow to dꝛeid?
Se ʒe ʒone Churll (quod fcho) beʒond ʒone pleuch,
Faft fawand hemp, lofe, and linget feid.
Ʒone lint will grow in lytill tyme in deid,
And thairof will ʒone Churll his Nettis mak,
Under the quhilk he thinkis vs to tak.

    Thairfoir I reid we pas quhen he is gone,
At euin, and with our naillis fcharp and fmall,
Out of the eirth fcraip we ʒone feid anone,
And eit it vp, foꝛ gif it growis, we fall
Haif caufe to weip heirefter ane and all.
Se we remeid thairfoir furth with Inftante,
Nam leuius ledit quicquid preuiuimus ante.

    Foꝛ Clerkis fayis, it is nocht fufficient,
To confidder that is befoir thyne Ee.
Bot pꝛudence is ane inwart Argument,
That garris ane man pꝛouyde and foirfe,
Quhat gude, quhat euill is liklie foꝛ to be,
Of euerilk thing euin at the finall end.
And fwa fra perrell the better him defend.

    The Lark lauchand ẏ Swallow thus couth fcoꝛne,
And faid fcho fifchit lang befoir the Net.

                     The

The barne is eith to busk that is vnborne.
All growis nocht, that in the ground is set.
The nek to stoup quhen it the straik fall get,
Is sone aneuch: deith on the fayest fall.
Thus scornit thay the Swallow ane and all.

Despysing thus hir helthsum document
The foullis ferlie tuke thair flicht anone,
Sum with ane bir thay braidit ouer the bent:
And sum agane ar to the grene woid gone.
Upon the land quhair I wes left allone,
I tuke my club, and hamewart couth I carie
Swa ferliaud, as I had sene ane farie.

Thus passit furth quhill Iune that Iolie tyde,
And seidis that wer sawin of beforne,
Wer growin hie, that Hairis mycht thame hyde:
And als the Quailze craikand in the corne.
I mouit furth betuix midday and morne,
Unto the hedge vnder the Hawthorne grene,
Quhair I befoir the said birdis had sene.

And as I stude be auenture and cace,
The samin birdis as I haif said 30w air,
I hoip, because it wes thair hanting place,
Mair of succour, or zit mair solitair,
Thay lychtit doun: and quhen thay lychtit war,
The Swallow swyith put furth ane pietuous pyme.
Said, wo is him can not bewar in tyme.

O blind birdis, and full of negligence,
Unmyndfull of zour awin prosperitie.
Lift vp zour sicht, and tak gude aduertence,
Luke to the Lint, that growis on zone le.

Zone is the thing I bad forsuith, that we
Quhill it wes seid suld rute furth of the eird.
Now is it Lint: now is it hie on breird.

⁋ Go zit, quhill it is tender and small,
And pull it vp, let it na mair Incres.
My flesche growis, my bodie quaikis all,
Thinkand on it I may not sleip in peis.
Thay crypt all, and bad the Swallow ceis.
And said, zone Lint heirefter will do gude,
For linget is to lytill birdis fude.

We think quhen that zone lint bollis ar ryip,
To mak vs feist, and till vs of the seid,
Magre zone Churll, and on it sing and pyip.
Weill (quod the Swallow) freindis hardilie teid.
Do as ze will, bot certane sair I dreid,
Heirefter ze sall find als sour, as sweit,
Quhen ze ar speldit on zone Carlis spreit.

The awner of zone lint, ane fouler is,
Richt cautelous, and full of subteltie.
His pray full sendill tymis will he mis,
Bot gif we birdis all the warrer be.
Full mony of our kin he hes gart de
And thocht it bot ane sport to spill thair blude.
God keip me fra him, and the halie Rude.

Thir small birdis haifand bot lytill thocht
Of perrell, that micht fall be auenture,
The counsell of the Swallow set at nocht,
Bot tuke thair flicht, and furth togidder sure.
Sum to the woid, sum markit to the Mure.
I tuke my stat, quhen this wes said and done,

And

And walkit hame, for it drew neir the none.

¶ The Lint ryipit, the Carll pullit the Lyne:
Rippillit the bollis, and in beitis set.
It steipit in the burn, and dryit syne:
And with ane Betill knokkit it, and bet·
Syne swingillit it weill, and hekkillit in the flet.
His wyfe it span, and twynit it in to thried.
Of quhilk the Fowlar Nettis maid in deid.

The wynter come, the wickit wind can blaw:
The woddis grene wer wallowit with the weit,
Baith firth and fell with froistis wer maid faw,
Slonkis and slaik maid slidderie with the sleit.
The foullis fair for falt thay fell of feit.
On bewis bair it wes na bute to byde,
Bot hyit vnto housis thame to hyde.

Sum in the barn, sum in the stak of corne,
Thair lugeing tuke, and maid thair residence.
The Fowlar saw, and greit aithis hes sworne,
Thay suld be tane trewlie for thair expence.
His Nettis hes he set with diligence,
And in the snaw he schulit hes ane plane,
And heillit it all ouer with calf agane.

Thir small birdis seand the calf wes glaid.
Trowand it had bene corne, thay lychtit doun.
Bot of the Nettis na presume thay had,
Nor of the Fowlaris fals Intentioun.
To scraip, and seik thair meit thay maid thame boun.
The Swallow on ane lytill branche neir by,
Dreidand for gyle, thus loud on thame couth cry.

I

The Fabillis

In to that calf scraip quhill zour naillis bleid,
Thair is na corne, ze laubour all in vane.
Trow ze zone Churil for pietie will zow feid.
Na, na, he hes it heir layit for ane trane.
Remoue I reid, or ellis ze will be slane.
His Nettis he hes set full priuely.
Reddie to draw: in tyme be war for thy.

Greit fule is he that puttis in dangeir
His lyfe, his honour, for ane thing of nocht.
Greit fule is he, that will not glaidlie heir
Counsall in tyme, quhill it auaill him mocht.
Greit fule is he, that hes na thing in thocht,
Bot thing present: and efter quhat may fall,
Nor of the end hes na memoriall.

Thir small birdis for hunger famischit neir,
Full beste scraipand for to seik thair fude.
The counsall of the Swallow waid not heir.
Suppois thair laubour did thame lyttill gude.
Quhen scho thair sulriche hartis vnderstude
Sa Indurate, vp in ane tre scho flew.
With that this Churil ouer thame his Nettis drew.

Allace it wes greit hart fair for to se
That bludie Boucheour bet thay birdis doun.
And for till heir, quhen thay wist weill to de,
Thair cairfull sang and lamentatioun.
Sum with ane stat he straik to eirth on swoun:
Of sum the heid he straik: of sum he brak the crag:
Sum half on lyfe, he stoppit in his bag.

And quhen the Swallow saw that thay wer deid.
Lo (quod scho) thus it happinnis mony sis,

On thame that will not tak counsall, nor reid
Of Prudent men, or Clerkis that ar wyis.
This greit perrell I tauld thame mair than thryis.
Now ar thay deid, and wo is me thairfoir.
Scho tuke hir flicht, bot I hir saw no moir.

MORALITAS.

LO worthie folk Esope that Nobill Clerk,
Ane Poet worthie to be Lawreat.
Quhen that he waikit from mair autētik werk,
With vther ma, this foirsaid Fabill wrait.
Quhilk at this tyme may weill be applicat,
To gude morall edificatioun,
Haifand ane sentence, accoding to ressoun.

This Carll, and Bond of gentrice spoliat,
Sawand this calf, thir small birdis to sla.
It is the Feind, quhilk fra the Angelike staik
Exylit is, as fals Apostata.
Quhilk day and nicht weryis not for to ga,
Sawand poysoun in mony wickit thocht,
In mannis Saull, quhilk Christ full deir hes bocht.

And quhen the Saull, as seid in to the end
Geuis consent vnto delectioun,
The wickit thocht beginnis for to breid,
In deidlie sin, quhilk is dampnatioun.
Ressoun is blindit with affectioun.
And carnall lust growis full grene and gay,
Throw consuetude hantit from day to day.

Proceding furth be vse and consuetude,
The sin rypis, and schame is set on syde.
The Feynd plettis his Nettis scharp and rude,

J. ij.

And vnder plesance preuilie dois hyde.
Syne on the feild he sawis calf full wyde,
Quhilk is bot tume and verray vanitie,
Of fleschlie lust, and vaine prosperitie.

    ❡ Thir hungrie birdis, wretchis we may call,
Ay scraipand in this warldis plesance.
Gredie to gadder gudis temporall,
Quhilk as the calf, ar tume without substance.
Lytill of auaill, and full of variance.
Lyke to the mow, befoir the face of wind
Quhiskis away, and makis wretchis blind.

    This Swallow quhilk eschaipit is the snair.
The halie Preicheour weill may signifie.
Exhortand folk to walk, and ay be war
Fra Nettis of our wickit enemie.
Quha sleipis not, bot euer is reddie,
Quhen wretchis in this warld calf dois scraip,
To draw his Net, that thay may not eschaip.

    Allace quhat cair, quhat weiping is and wo,
Quhen Saull and bodie departit ar in twane?
The bodie to the wormis keiching go:
The Saull to fyre to euerlestand pane.
Quhat helpis than this calf,thir gudis vane?
Quhen thow art put in Luciferis bag,
And brocht to hell, and hangit be the crag.

    Thir hid Nettis for to persaue and se,
This sarie calf wyistie to vnderstand:
Beistis, be war in maist prosperitie,
For in this warld thair is na thing lestand.
Is na man wait how lang his stait will stand,

His lyfe will left, nor how that he fall end:
Efter his deith nor quhidder he fall wend.

℃Pray we thairefoir quhill we ar in this lyfe,
For four thingis: the firft, fra fin remufe.
The fecund is, fra all weir and ftryfe,
The thrid is, perfite cheritie and lufe.
The feird thing is, and maift for our behufe,
That is in blis with Angellis to be fallow.
And thus endis the preiching of the Swallow.
℃FINIS.

℃The Taill of the Uolf, that gat the Nekhe-
ring, throw the wrinkis of the Foxe, that
begylit the Cadgear.

Quhylum thair wynnit in ane wildernes,
(As myne Authour expreflie can declair)
Ane reuand Uolf, that leuit vpon cais
On beftiall, and maid him weill to fair.
Was nane fa big about him he wald fpair,
And he war hungrie, outher for fauour, or feid,
Bot in his breith he weryit thame to deid.

Swa happinnit him in watching as he went,
To meit ane Foxe in middis of the way.
He him foirfaw, and fenzeit to be fchent,
And with ane bek, he bad the Uolf gude day.
Welcum to me (quod he) thow Ruffell gray.
Syne loutit doun, and tuke him be the hand.
Ryfe vp Lowrence, I leif the for to ftand.

Quhair hes thow bene this fefoun fra my ficht?
Thow fall beir office, and my Stewart be.

For thow can knap doun Caponis on the nicht,
And lourand law thow can gar hennis de.
Schir (said the Foxe) that ganis nocht for me.
And I am raid, gif thay me se on far,
That at my figure, beist and bird will skar.

¶ Na (quod the Wolf) thow can in couert creip
Upon thy wame, and hint thaime be the heid.
And mak ane suddand schow vpon ane scheip,
Syne with thy wappinnis wirrie him to deid.
Schir (said the Foxe) ze knaw my Roib is reid.
And thairfoir thair will na beist abyde me,
Thocht I wald be sa fals as for to hyde me.

Zis (quod the Wolf) throw buskis & throw bayr?,
Law can thow lour, to cum to thy Intent.
Schir (said the Foxe) ze wait weill how it gais,
Ane lang space fra thame thay will feill my sent.
Than will thay eschaip, suppois I suld be schent.
And I am schamefull for to cum behind thame,
In to the feild thocht I suld sleipand find thame.

Na (quod the Wolf) thow can cum on the wind,
For euerie wzink forsuith thow hes ane wyle.
Schir (said the Foxe) that beist ze micht call blind,
That micht not eschaip than fra me ane myle.
How micht I ane of thame that wyis begyle.
My rippit twa eiris, and my twa gray Ene
Garis me be kend, quhair I wes neuer sene.

Than (said the Wolf) Lowrence, I heir the le,
And castis for perrellis thy ginnis to defend.
Bot all thy sonzeis sall not auaill the,
About the busk with wayis thocht tho y wend.

Falset

Falset will faҥe ay at the latter end.
To bow at bidding, and byde not quhill thow bꝛest,
Thairfoir I gif the counsall foꝛ the best.

    ¶ Schir (said the Foxe) it is Lentring ꝫe se,
And I can nouther filche, with huke, noꝛ Net,
To tak ane Banestikill, thocht we baith suld de.
I had ane vther craft to win my meit.
Bot wer it Pasche, that men suld pultrie eit,
As kiddis, Lambis, oꝛ Caponis in to ply.
To beir ꝫour office than wald I not set by.

    Than (said the Uolf) in wꝛaith wenis thow with
And with thy mony mowis me to mat.   (wylis,
It is ane auld Dog douties that thow begylis:
Thow wenis to dꝛaw the stra befoir the cat.
Schir (said the Foxe) God wait, I mene not that,
Foꝛ and I did, it wer weill woꝛth that ꝫe
In ane reid Raip had tyit me till ane tre.

    Bot now I se, he is ane fule persay,
That with his maister fallis in ressoning.
I did bot till assay quhat ꝫe wald say,
God wait my mynd wes on ane vther thing.
I sall fulfill in all thing ꝫour bidding,
Quhat euer ꝫe charge on nichtis oꝛ on dayis.
Weill (quod the Uolf) I heir weill quhat thow sayis.

    Bot ꝫit I will, thow mak to me ane aith
Foꝛ to be leill attour all leuand leid.
Schir (said the Foxe) that ane woꝛd makꝫ me wꝛaith
Foꝛ now I se, ꝫe haif me at ane dꝛeid.
Ꝫit sall I swe ir, suppois it be not neid.
Be Juppiter, and on pane of my heid,

I sall be trew to zow, quhill I be deid.

With that ane Cadgear with capill, & with creillis,
Come carpand furth: than drew this Bouche out by.
The Foxe the flewer of the fresche hering feillis,
And to the Volf he roundis priuelie.
Schir, zone ar hering the Cadgear carpis by.
Thairfoir I reid, that we se for sum wayis,
To get sum fische aganis thir fasting dayis.

¶ Sen I am Stewart, I wald we had sum stuf,
And ze ar siluer seik, I wait richt weill.
Thocht we wald thig, zone verray Churlische chuf,
He will not gif vs ane hering of his Creill,
Befoir zone Churle on kneis thocht we wald kneill.
Bot zit I trow alsone that ze sall se,
Gif I can traist, to bleir zone Carlis Ee.

Schir, ane thing is, and we get of zone pelf,
Ze man tak trauell, and mak vs sum tupple.
For he that will not laubour, and help him self,
In to thir dayis he is not worth ane fie.
I think to wirk als besie as ane Be.
And ze sall follow ane lytill efterwart,
And gadder hering, for that sall be zour part.

With that he kest ane cumpas far about,
And straucht him doun in middis of the way,
As he war deid, he fenzeit him but dout.
And than vpon ane lang vnliklie bray,
The quhyte of his Ene he turnit vp in tway.
His toung out hang ane handbreid of his heid.
And still he lay, als straucht as he wer deid.

¶ The

¶The Cadgear fand the Foxe, and he wes fane.
And till him self, thus softlie can he say.
At the nixt bait in faith ʒe sall be slane,
And of ʒour skyn I sall mak mittennis twa.
He lap full lichtlie about him quhair he lay,
And all the trace he trippit on his tais,
As he had hard ane pyper play, he gais.

Heir lyis the Deuill (quod he) deid in ane dyke.
Sic ane selcouth saw I not this seuin ʒeir.
I trow ʒe haif bene tuisillit with sum tyke,
That garris ʒow ly sa still withouttin steir.
Schir Foxe in faith ʒe ar deir welcum heir.
It is sum wyfis maltone, I trow,
For pultrie pyking that lychtit hes on ʒow.

Thair sall na Pedder, for purs, nor ʒit for gluiffis,
Nor ʒit for poyntis pyke ʒour pellet fra me.
I sall of it mak mittennis to my luiffis,
Till hald my handis hait quhair euer I be.
Till Flanderis sall it neuer sail the se.
With that in hy, he hint him be the heillis,
And with ane swak he swang him on the creillis.

Syne be the heid the hors in hy hes hint.
The teandfull Foxe thairto gude tent hes tane.
And with his teith the stoppell or he stint,
Pullit out, and syne the hering ane, and ane
Out of the creillis he swakkit doun gude wane,
The Wolf wes war, and gadderit spedilie.
The Cadgear sang, huntis vp, vp vpon hie.

ʒit at ane burne the Cadgear lukit about.
With that the Foxe lap quyte the creillis fra.

K

The Fabillis

The Cadgear wald haif raucht the Foxe ane rout.
Than with ane schout, thus can the Cadgear say.
Bot all for nocht, he wan his hoill that day.
Abyde, and thow ane Nekhering fall haif,
Is worth my Capill, Creillis, and all the laif.

Now (quod the Foxe) I schrew me, and we meit.
I hard quhat thow hecht to do with my skyn.
Thy handis fall neuer in thay mittennis tak heit,
And thow wer hangit Carll, and all thy kyn.
Do furth thy mercat, at me thow fall nocht wyn,
And fell thy hering thow hes thair, till hie price
Ellis thow fall wyn nocht on thy merchandice.

The Cadgear trimillit for teyne quhair pat he stude.
It is weill worthie (quod he) I want zone tyke,
That had nocht in my hand sa mekill gude,
As staf, or sting, zone truker for to stryke.
With that lychtlie he lap outouer ane Dyke.
And snakkit doun ane staf, for he wes tene.
That heuie wes, and of the Holyne grene.

With that the Foxe vnto the Wolf couth wend.
And fand him be the hering, quhair he lyis.
Schir (said he than) maid I not fair defend.
Ane wicht man wantit neuer, and he wer wyis.
Ane hardie hart is hard for to supprys.
(Than said the Wolf) thow art ane Berne full bald.
And wyse at will, in gude tyme be it tald.

Bot quhat wes zone the Carll cryit on hie,
And schuke his heid, quhen that he saw thow fell?
Schir (said the Foxe) that I can tell trewlie.
He said, the Nekhering wes in till the creill.

Kennis thow that hering: ze Schir, I ken it weill.
And at the creill mouth I had it thryis but dout.
The wecht of it neir tit my tuskis out.

¶ Now suithlie Schir, micht we that hering fág,
It wald be fische to vs thir fourtie dayis.
Than (said the Uolf) now God noz that I hang,
Bot to be thair, I wald gif all my clais.
To se gif that my wappinnis mycht it rais.
Schir (said the Foxe) God wait, I wischit zow oft,
Quhen that my pith micht not beir it on loft.

It is ane syde of Salmond, as it wer,
And callour, ppand lyke ane Pertrik Ee.
It is worth all the hering ze haif thair.
Ze and we had it swa, is it worth sic thre.
Than (said the Uolf) quhat counsell geuis thow me?
Schir (said the Foxe) wirk efter my deuyis,
And ze fall haif it, and tak zow na suppryis.

First, ze man cast ane cumpas far about.
Syne straucht zow doun in middis of the way.
Baith heid, and feir, and taill ze man streik out.
Hing furth zour toung, & clois weill zour Ene t way.
Syne se zour heid on ane hard place ze lay.
And dout not for na perrell may appeir,
Bot hald zow clois, quhē yat the Carll cummis neir.

And thocht ze se ane staf, haif ze na dout.
Bot hald zow wonder still in to that steid.
And luke zour Ene be clois, as thay wer out.
And se that ze schrink nouther fute, noz heid
Than will the Cadgear Carll trow ze be deid,
And in till haist will hint zow be the heillis,
K. ij.

¶ The Fabillis

As he did me, and swak ʒow on his creillis.

¶ Now (quod the Uolf) I sweir the be my thrift,
I trow, ʒone Cadgear Carll dow not me beir.
Schir (said the Foxe) on loft he will ʒow lift,
Upon his creillis, and do him lytill deir.
Bot ane thing dar I suithlie to ʒow sweir,
Get ʒe that hering sicker in sum place,
Ze sall not fair in fisching mair quhill Pasche.

I sall say In principio vpon ʒow,
And croce ʒour corps, from the top, to ta.
Wend quhen ʒe will, I dar be warrand now,
That ʒe sall de na suddand deith this day.
With that the Uolf gird vp sone, and to ga,
And caist ane cumpas about the Cadgear far.
Syne straucht him in the gait, or he come nair.

He laid his halfheid sicker, hard, and sad.
Syne straucht his four feit fra him, and his heid.
And harg his toung furth as the Foxe him bad.
Als still he lay, as he wer verray deid.
Rakkand na thing of the Carlis fauour nor feid.
Bot euer vpon the Nekhering he thinkis,
And quyte forʒettis the Foxe, and all his wrinkis.

With that the Cadgear als wraith as ony wind,
Come rydand on the laid, for it wes licht.
Thinkand ay on the Foxe that wes behind,
Upon quhat wyse, reuenge him best he micht.
And at the last, of the Uolf gat ane sicht,
Quhair he in lenth lay streikit in the gait.
Bot gif he licbtit doun, or nocht, God wait.

ε Btkllb

¶Softlie he said, I wes begylit anis,
Be I begylit twyis, I schrew vs baith.
That euill bot it sall licht vpon thy banis,
He suld haif had, that hes done me the skaith.
On hicht he hount the staf for he wes wraich,
And hit him with sic will vpon the heid,
Quhill neir he swonit, and swelt in to that steid.

Thre battis he bure, or he his feit mycht find.
Bot zit the Wolf wes wicht, and wan away.
He micht not se, he wes sa verray blind.
Nor wit reddilie quhether it wes nicht or day.
The Foxe beheld that seruice quhair he lay,
And leuch on loft, quhen he the Wolf sa seis,
Baith deif, and dosinnit, fall swonand on his kneis.

He that of ressoun can not be content,
Bot couetis all, is abill all to tyne.
The Foxe, quhen that he saw the Wolf wes schent,
Said to him seif, thir hering sall be myne.
I le, or ellis he wes efterwart syne,
That fand sic wayis his Maister for to greif,
With all the fische thus Lowrence tuke his leif.

¶The Wolf wes neir weill dungin to the deid,
That vneis with his lyfe away he wan.
For with the Bastoun weill trosin wes his heid.
The Foxe in to his den sone drew him than,
That had betrait his Maister, and the man.
The ane, wantit the hering of his creillis.
The vtheris blude wes rynnand ouer his heillis.

⁊MORALITAS.

THis Taill is myngit with Moralitie,
As I sall schaw sumquhat, or that I ceis.

The Foxe, vnto the warld may likkinnit be.
The reuand Uolf, vnto ane man but leis.
The Cadgear Deith, quhome vnder all man preis,
That euer tuke lyfe, throw cours of kynd man dee.
As man, and brist, and fische in to the see.

¶ The warld ze wait, is Stewart to the man.
Quhilk may mak man to haif na mynd of Deid.
Bot settis for winning all the craftis thay can.
The Hering, I likkin vnto the gold sa reid,
Quhilk gart the Uolf in perrell put his heid.
Richt swa the gold garris Land certeis,
With weir, be waistit daylie as men seis.

And as the Foxe with dissimulance and gyle,
Gart the Uolf wene to haif worschip for euer.
Richt swa, this warld with vane gloze for ane quhyle
Flatteris with folk, as thay suld failze neuer.
Zit suddandlie men seis it oft disseuer
With thame, that trowis oft to fill the sek.
Deith cummis behind, and nippis thame be the nek.

The micht of gold makis mony men sa blind,
That settis on Auarice thair felicitie.
That thay forzet the Cadgear cummis behind,
To strike thame, of quhat stait sa euer thay be.
Quhat is mair dirk, than blind prosperitie?
Quhairfoir, I counsell mychtie men to haif mynd,
Of the Nekhering Interpreit in this kynd.
¶FINIS.

¶The Taill of the Foxe, that begylit the Uolf,
in the schadow of the Mone.

CIR

IN Elderis dayis, as Esope can declair,
Thair wes ane Husband, qubilk had ane pleuc
His vse wes ay, in morning to ryse air. (to sten
Sa happinnit him in streiking tyme of zeir,
Airlie in the morning to follow furth his feir,
Unto the pleuch, bot his gadman and he.
His kottis he straucht with Benedicite.

The Caller cryit, how, haik, vpon hicht,
Hald draucht my dowis, syne broddit thame full fair.
The Oxin wes vnwsit zoung and licht,
And for fersnes thay couth the fur forfair.
The Husband than wore angrie as ane hair.
Syne cryit, and caist his Patill, and greit stanis.
The Wolf (quod he) mot haif zow all at atanis.

Bot zit the Wolf wes neirar nor he wend,
For in ane busk he lay, and Lowrence baith,
In ane Rouch Rone wes at the furris end.
And hard the hecht : than Lowrence leuch full raith.
To tak zone bud (quod he) it wer na skaith.
Weill (quod the Wolf) I hecht the be my hand,
Zone Carllis word as he wer king sall stand.

The Oxin eirit mair reullie at the last.
Syne efter thay lousit, fra that it worthit weill lait.
The Husband hamewart with his cattell past.
Than sone the Wolf come hirpiland in his gait,
Befoir the Oxin, and schupe to mak debair.
The Husband saw him, and worthit sumdeill agast.
And takwart with his beistis wald haif past.

The Wolf said, quhether dryuis thow this Pray?
I challenge it, for nane of thame ar thyne.

The man thairof wes in ane felloun fray.
And soberlie to the Wolf answerit syne.
Schir, be my Saull, thir oxin ar all myne.
Thairfoir I studie, quhy ze suld stop me.
Sen that I faltit neuer to zow trewlie.

The Wolf said, Carll, gaif thow not me this gift
Airlie, quhen thow wes eirand on zone bank?
And is thair ocht (sayis thow) frear than gift?
This tarying will tyne the all thy thank.
Far better is frelie for to gif ane plank,
For be compellit on force, to gif ane mark.
Fy on the fredome, that cummis not with hart.

Schir (quod the husband) ane man may say in greif,
And syne ganesay fra he auise and se.
I hecht to steill, am I thairfoir ane theif?
God to bid, Schir, all hechtis suld haldin be.
Gaif I my hand or oblissing (quod he)
Or haif ze witnes, or writ for to schaw.
Schir reif me not, bot go and seik the Law.

Carll quod the Wolf) ane Lord and he be leill,
That schrinkis for schame, or doutis to be repruifit,
His saw is ay als sekker as his Seill.
Fy on the Leid, that is not leill and lufit.
Thy argument is fals, and eik confrusit.
For it is laid in Prouerb: But lawte
All vther vertewis ar nocht worth ane fle.

Schir, said the husband, remember of this thing.
Ane leill man is not tane at half ane taill.
I may say, and ganesay, I am na king.
Quhar is zour witnes, that hard I hecht thame haill?
Than

Than said the Wolf, thairfoir it sall nocht faill.
Lowrence(quod he)cum hidder of that Schaw,
And say na thing, bot as thow hard and saw.

¶Lowrence come lourand, for he lufit neuer licht,
And sone appeirit befoir thame in that place.
The man leuch na thing, quhen he saw that sicht.
Lowrēce(quod the Wolf) thow man declair yis cace,
Quhairof we sall schaw the suith in schort space.
I callit on the leill witnes for to beir.
Quhat hard thow that this man hecht me lang eir?

Schir (said the Tod) I can not hastelie
Swa sone as now gif sentence finall.
Bot wald ze baith submit zow heir to me,
To stand at my decreit perpetuall.
To pleis baith I suld preif, gif it may fall.
Weill (quod the Wolf) I am content for me.
The man said, swa am I, how euer it be.

Than schew thay furth thair allegeance but fabill,
And baith proponit thair pley to him compleit.
(Quod Lowrence) now I am ane Iuge amycabill.
Ze sall be sworne to stand at my decreit.
Quhether heirefter ze think it soure or sweit.
The Wolf braid furth his fute, the man his hand:
And on the Toddis Taill sworne thay ar to stand.

Than tuke the Too the man furth till ane syde.
And said him, freind, thow art in blunder brocht.
The Wolf will not forgif the ane Oxe hyde.
Zit wald my self fane help the, and I mocht.
Bot I am laith to hurt my conscience ocht.
Tyne not thy querrell in thy awin defence,

L

This will not throw but greit coist and expence.

¶ Seis thow not Buddis beiris Bernis throw,
And giftis garris crukit materis hald full euin?
Sumtymis ane nedill haldis ane man in ane Row.
All ar not halie, that heifis thair handis to heuin,
Schir (said the man) ze sall haif sex, or seuin
Richt of the fattest hennis of all the flok,
I compt not all the laif, leif me the Coik.

I am ane Iuge (quod Lowrence than) and leuch,
Thair is na Buddis suld beir me by the rycht.
I may tak hennis, and Caponis weill aneuch,
For God is gane to sleip, as for this nycht,
Sic small thingis ar not sene in to his sycht.
Thir hennis (quod he) sall mak thy querrell surs
With emptie hand na man suld Halkis lure.

Concord in this than Lowrence tuke his leif,
And to the Wolf he went in to ane ling,
Syne priuelie, he plukkit him be the sleif,
Is this in ernist (quod he) ze ask sic thing?
Na be my Saull, I trow it be in hething.
Than said the Wolf, Lowrence, quhy sayis thow sa?
Thow hard the hecht thy self, that he couth ma.

The hecht (quod he) zone man maid at the pleuch,
Is that the cause quhy ze the cattell craif?
Half in to hething (said Lowrence than) and leuch,
Schir, be the Rude, vnrokkit now ze raif.
The Deuill ane stirk tail thairfoir saill ze haif,
Wald I tak it vpon my conscience,
To do sa pure ane man, as zone, offence.

¶ Zie

¶Zit haif I commonit with the Carll (quod he)
We ar concordit vpon this euunand.
Quyte of all clamis swa ze will mak him fre,
Ze sall ane Cabok haif in to zour hand.
That sic ane sall not be in all this land.
for it is homer cheis, baith fresche and fair.
he sayis it weyis ane stane, and sumdeill mair.

Is that thy counsell (quod the Wolf) I do,
That zone Carll for ane Cabok suld be fre?
Ze be my Haull, and I wer sworne zow to.
Ze suld nane vther counsell haif for me.
for gang ze to the maist extrematie,
It will not wyn zow worth ane widderit neip.
Schir trow ze nocht, I haif ane Haull to keip?

Weill (quod the Wolf) it is aganis my will,
That zone Carll for ane Cabok suld ga quyte.
Schir (quod the Tod) ze tak it in nane euill.
for be my Haull zour self had all the wyte.
Than (said the Wolf) I bid na mair to flyte.
Bot I wald se zone Cabok of sic pryis.
Schir (said the Tod) he tauld me quhar it lyis

Than hand in hand, thay held vnto ane hill.
The Husband till his hors hes tane the way.
for he wes fane, he schaipit from thair euill,
And on his feit woke the dure quhill day.
Now will we turne vnto the vther twap.
Throw woddis waist thir freikis on fute can fair,
Fra busk to busk, quhill neir midnycht and mair.

Lowrence wes euer remembring vpon wrinais.
And subtelteis, the Wolf for to begyle.

L. ii.

That he had hecht ane Caboik, he forthinkis.
Zit at the last, he findis furth ane wyle.
Than at him self softlie couth he smyle.
The Uolf sayis, Lowrence, thow playis bellie blind,
We seik all nycht, bot na thing can we find.

¶ Schir (said the Tod) we ar at it almaist.
Hoist zow ane lytill, and ze sall se it sone.
Than to ane Manure place thay hyit in haist.
The nicht wes lycht, and pennyfull the Mone.
Than til ane draw wel thir Senzcourz past but hone.
Quhar that twa bukkettis feuerall fuithlie hang.
As ane come vp, ane vther doun wald gang.

The schadow of the Mone schone in the well.
Schir (said Lowrence) anis ze sall find me leill.
Now se ze not the Caboik weill zour fell,
Quhyte as ane Neip, and als round as ane schell.
He hang it zonder, that na man suld it steill.
Schir, traist ze weill, zone Caboik ze se hing,
Micht be ane presend to our Lord the King.

Na (quod the Uolf) mycht I zone Caboik baif,
On the dry land, as I it zonder se.
I wald quitclame the Carll of all the laif.
His dart Orin I compt thaime not ane fle.
Zone wer mair meit for sic ane man as me.
Lowrence (quod he) leip in the bukket sone,
And I sall hald the ane, quhill thow haif done.

Lowrence gird doun baith sone, and subtellie.
The vther baid abufe, and held the skaill.
It is sa mekill (quod Lowrence) it maisteris me.
On all my taiz it beis not left ane naill.

Z A.ii

Ze man mak help vpwart, and it haill.
Leip in the vther bukket haistelie.
And cum sone doun, and mak me sum supple.

⸿ Than lychtlie in the bukket lap the loun,
His wecht but weir the vther end gart ryis.
The Tod come hailland vp, the Uolf zeid doun.
Than angerlie the Uolf vpon him cryis.
I cumand thus dounwart, quhy thow vpwart hyis?
Schir (quod the Tod) thus fairis it of Fortoun,
As ane cummis vp, scho quheillis ane vther doun.

Than to the ground sone zeid the Uolf in haist.
The Tod lap on land, als blyith as ony bell.
And left the Uolf in watter to the waist.
Quha haillit him out I wait not of the well.
Heir endis the Text, thair is na mair to tell.
Zit men may find agane moralitie,
In this sentence, thocht it ane Fabill be.

&MORALITAS.

His Uolf, I likkin to ane wickit man,
Quhilk dois the pure opprez in euerie place:
And pykis at thame all querrellis that he can,
Be Rigour, reif, and vther wickitnes.
The Foxe, the Feynd I call in to this cais,
Arctand ilk man to ryn vnrychteous rinkis,
Thinkand thairthzow to lok him in his linkis.

The Husband may be callit ane godlie man,
With quhome the Feynd falt findis (as Clerkis reid)
Besie to tempt him, with all wayis that he can.
The hennis, ar warkis, pat fra ferme faith proceidis.
Quhar sic sproutis spreidis, ý euill spreit zair not speidz

Bot wendis vnto the wickit man agane.
That he hes tint his trauell is full vnsane.

¶ The woddꝫ waist, quhairin wes the Wolf wyld
It wickit riches, quhilk all men gaipis to get:
Quha traistis in sic Trusterie, ar oft begyld.
For Mammon may be callit the Deuillis Net,
Quhilk Sathanas for all sinfull hes set.
With proud plesour quha settis his traist thairin,
But speciall grace lychtlie can not outwin.

The Cabok, may be callit Couetyce,
Quhilk blomis braid in mony mannis Ee.
Ua worth the well of that wickit vyce,
For it is all bot fraud, and fantasie.
Drawand ilk man to leip in the buttrie,
That dounwart drawis vnto the pane of hell
Christ keip all Christianis from that wickit well.
¶ FINIS.

¶ The Taill of the Wolf, and the Wedder.

Quhylum thair wes (as Esope can Report)
Ane scheiphird dwelland be ane Forrest neir.
Quhilk had ane Hound, ꝑat did him greit comfort
Full war he wes to walk his Fauld but weir,
That nouther Wolf, nor Wildcat durst appeir,
Nor Foxe on feild, nor ꝛit no vther beist,
Bot he thame slew, or chaissit at the leist.

Sa happinnit it (as euerilk beist man de)
This Hound of suddand seiknes to be deid.
Bot than (God wate) the keipar of the te,
For ᴅ... ay wo wore wanner nor the weid.

Allace

Allace (quod he) now se J na remeid,
To saif the selie beistis that J keip,
Foz wit the Uolf, werryit beis all my scheip.

℆ It wald haif maid ane mannis hart sair to se
The selie scheiphirdis lamentatioun.
Now is my Darling deid, allace (quod he)
Foz now to beg my bzeid J may be boun,
With pyikstaf, and with scrip to fair of toun.
Foz all the beistis befoir bandonit bene,
Will schute bpon my beistis with Jre and tene.

With that ane Uedder wichtlie wan on fute:
Maister (quod he) mak merie, and be blyith.
To bzek zour hart foz baill, it is na bute.
Foz ane deid Doig ze na cair on zow kyith.
Ga feche him hithor, and fla his skyn of swyith.
Syne sew it on me: and luke that it be meit,
Baith heid, and crag, bodie, taill, and feit.

Than will the Uolf trow, that J am he.
Foz J sall follow him fast quhar euir he fair.
All haill the cure J tak it bpon me.
Zour scheip to keip at midday, lait, and air.
And he persew, be God, J sall not spair
To follow him als fast as did zour Doig.
Swa that J warrand, ze sall not want ane hoig.

Thá said the scheiphird, this come of ane gude wit.
Thy counsall is baith sikker, leill, and trew.
Quha sayis ane scheip is daft, thay leit of it.
With that in hy the Doggis skyn of he flew,
And on the scheip rycht softlie couth it sew.
Than wozth the Uedder wantoun of his weid.

Now of the Uolf (quod he) I haif na dreid.

¶ In all thingis he counterfait the Dog,
For all the nicht he stude, and tuke na sleip.
Swa that weill lang thair wantit not ane Hog,
Swa war he wes, and walkryfe thame to keip,
That Lowrence durst not luke vpon ane scheip.
For and he did, he followit him sa fast,
That of his lyfe he maid him all agast.

Was nouther Uolf, Uildcat, nor zit Tod,
Durst cum within thay boundis all about:
Bot he wald chace thame baith throw rouch & smod.
Thay baisfull beistis had of thair lyuis sic dout.
For he wes mekill, and semit to be stout.
That euerilk beist thay dred him as the deid,
Within that woid that nane durst hald thair heid.

Zit happinnit thair ane hungrie Uolf to slyde
Out throw his scheip, quhair thay lay on ane le,
I sall haif ane (quod he) quhat euer betyde,
Thocht I be werryit, for hunger or I de.
With that ane Lamb in till his cluke hint he.
The laif start vp, for thay wer all agast.
Bot (God wait) gif the Uedder followit fast.

Went neuer Hound mair haistelie fra the hand,
Quhen he wes rynnand maist raklie at the Ra,
Nor went this Uedder baith ouer Mois and strand,
And stoppit nouther at bank, busk, nor bra.
Bot followit ay sa fetslie on his fa,
With sic ane drift, quhill dust and dirt ouerdraif him.
And maid ane wow to God, that he suld haif him.

¶ With

¶ With that the Woll let out his Taill on lenth,
For he wes hungrie, and it drew neir the euin.
And schupe him for to ryn with all his strenth,
Fra he the Wedder sa neir cummand had sene,
He dred his lyfe, and he ouertane had bene.
Thairfoir he spairit nouther busk, nor boig.
For weill he kennit the cumming of the Doig.

To mak him lycht, he kest the Lamb him fra.
Syne lap ouer leis, and draif throw Dub and myre.
Na (quod the wedder) in faith we part not swa.
It is not the Lamb, bot the, that I desyre.
I sall cum neir, for now I se the tyre.
The Wolf ran till ane rekill stude behind him,
Bot ay the neirar the Wedder to couth wyn him.

Sone efter that, he followit him sa neir,
Quhill that the Wolf for feidnes fylit the feild.
Syne left the gait, and ran throw busk, and breir,
And schupe him fra the schawis for to scheild.
He ran restles, for he wist of na weild.
The wedder followit him, baith out, and in,
Quhill that ane breir busk raif rudelie of the skyn.

The Wolf wes wer, and blenkit him behind,
And saw the Wedder come thrawand throw the breir.
Syne saw the Doggis skyn hingand on his lind.
Na (quod he) is this ze, that is sa neir?
Richt now ane Hoūd, and now quhyte as ane Freir.
I fled ouer fer, and I had kennit the cais.
To God I wow, that ze sall rew this rais.

Quhat wes the cause ze gaif me sic ane chace?
With that in hy he hint him be the horne.
N

¶The Fabillis

For all зour mowis, зe met anis with зour mache,
Suppois зe leuch me all this зeir to scorne.
For quhat enchessoun this Doggis skyn haif зe borne?
Maister (quod he) bot to haif playit with зow,
I зow requyre, that зe nane vther trow.

¶Is this зour bourding in ernist than (quod he)
For I am verray effeirit, and on flocht.
Cum bak agane, and I sall let зow se.
Than quhar the gait wes grimmit he him brocht.
Quhether call зe this fair play, or nocht?
To set зour Maister in sa fell effray,
Quhill he for feiritnes hes fylit vp the way.

Thryis (be my Saull) зe gart me schute behind,
Upon my hoichis the senзeis may be sene.
For feiritnes full oft I fylit the wind.
Now is this зe: na bot ane Hound, I wene.
Me think зour teith ouer schort to be sa kene.
Blissit be the busk, that reft зow зour array.
Ellis fleand, bursin had I bene this day.

Schir (quod the Uedder) suppois I ran in hy,
My mynd wes neuer to do зour persoun euill.
Ane flear gettis ane follower commounlie,
In play or ernist, prcif quha sa euer will.
Sen I bot playit, be gracious me till.
And I sall gar my freindis blis зour banis.
Ane full gude seruand will crab his Maister anis.

I haif bene oftymis set in greit effray,
Bot (be the Rude) sa rad зit wes I neuer.
As thow hes maid me with thy prettie play.
I schot behind quhen thow ouertuke me euer.

Bot lickkerlie now sall we not dissever.
Than be the crag bane smertlie he him tuke,
Or euer he ceissit, and it in schunder schuke.

℈MORALITAS.

Esope that Poet first Father of this Fabill,
wrait this Parabole quhilk is conuenient.
.~.~. Because the sentence wes fructuous & agreabill,
In Moralitie exemplatiue prudent.
Quhais problemes bene verray excellent,
Throw similitude of figuris to this day,
Geuis doctrine to the Redaris of it ay.

Heir may thow se, that riches of array,
Will cause pure men presumpteous for to be.
Thay think thay haid of nane be thay als gay,
Bot counterfute ane Lord in all degre.
Out of thair cais in pryde thay clym sa hie,
That thay forbeir thair better in na steid,
Quhill sum man tit thair heillis ouer thair heid.

Richt swa in seruice vther sum exceidis,
And thay haif withgang, welth, and cherissing,
That thay will lycht'ie Lordis in thair deidis,
And lukis not to thair blude, nor thair offspring.
Bot yit, na wait, how lang that reull will ring.
Bot he was wyse, that bad his Sone considder.
Bewar in welth, for Hall benkis ar rycht slidder.

Thairfoir I counsell men of euerilk stait,
To knaw thame self, and quhome thay suld forbeir.
And fall not with thair better in debait,
Suppois thay be als galland in thair geir.
It settis na seruand for to vphald weir,

M. ij.

¶The Fabillis

Nor clym sa hie, quhill he fall of the ledder.
Bot think vpon the Wolf, and on the wedder.
¶FINIS.

¶The Taill of the Wolf, and the Lamb.

ANe cruell Wolf, richt rauenous, and fell,
Vpon ane tyme past to ane Reuer.
Descending from ane Roche, vnto ane well.
To slaik his thrist, drank of the watter cleir.
Swa vpon cace, ane selie Lamb come neir.
Bot of his fa, the Wolf, na thing he wist.
And in the streme laipit, to cule his thrist.

Thus drank thay baith, bot not of ane Intent.
The Wolfis thocht wes all of wickitnes.
The selie Lamb, wes meik, and Innocent,
Vpon the Reuer, in ane vther place,
Beneth the Wolf, he drank ane lytill space,
Quhill he thocht gude, beleuand that nane euill.
The Wolf him saw, and Rampand come him till.

With girnand teith, and awfull angrie luk,
Said to the Lamb, thow Cative wretchit thing.
How durst thow be sa bald, to syle this Bruk,
Quhar I suld drink, with thy foull slauering?
It wer Almous the for to draw and hing,
That suld presume, with thy foull lippis wyle,
To glar my drink, and this fair watter syle.

The selie Lamb quaikand for berray dreid,
On kneis fell, and said, Schir, with your leif.
Suppois I can not say, that not ze leid:
Bot be my Saull, I wait ze can nocht preif,

That

That I did ony thing, that suld zow greif.
Ze wait allwa that zour accusatioun,
Failzeis fra treuth, and contrair is to ressoun.

℃ Thocht I can nocht, Nature will me defend,
And of the deid perfyte experience.
All heuie thing, man of the self discend.
Bot gif sum thing on force mak resistence.
Than may the streme on na way mak ascence,
Nor ryn bakwart: I drank beneth zow far.
Ergo, for me, zour Bruke wes neuer the war.

Allswa, my lippis sen that I wes ane Lamb,
Tuichit na thing that wes contagious.
Bot soukkit milk, from Pappis of my dame,
Richt Naturall, sweit, and als delitious.
Weill (quod the Wolf) thy language Rigorous
Cummis the of kynd: swa thy Father befoze
Held me at bait, baith with boist, and schoze.

He wraithit me, and than I culd him warne,
Within ane zeir, and I brukit my heid,
I suld be wrokkin on him, oz on his barne,
For his exhozbitant and frawart pleid.
Thow sall doutles for his deidis be deid.
Schir, it is wrang, that for the Fatheris gilt,
The saikles sone suld punist be, oz spilt.

Half ze not hard, quhat halie Scripture sayis,
Endytit with the mouth of God Almychtſ
Of his awin deidis ilk man sall beir the prais,
As pane for sin, reward for werkis rycht.
For my trespas, quhy suld my sone haif plycht?
Quha did the mis, let him sustene the pane.

Zaa (quod the Wolf) zit pleyis thow agane.

⫘I let the wit, quhen that the Father offendis,
I will thereis name of his Successioun.
And of his barnis, I may weill tak amendis,
Unto the twentie degre descending doun.
Thy Father thocht to mak ane strang presoun,
And with his mouth in to my watter spew.
Schir (quod the Lamb) thay twa ar nouther trew.

The Law sayis, and ze will vnderstand:
Thair suld na man for wrang. nor violence,
His awin fair punis at his awin hand,
Without proces of Law, and euidence.
Quhilk suld haif leif to mak lawfull defence,
And thairupon Summonidis Peremptourlie,
For to propone, contrairie, or reply.

Set me ane lauchfull Court, I sall compeir,
Befoir the Lyoun Lord, and leill Justice.
And be my hand I oblis me rycht heir,
That I sall byde ane vnsuspect Assyis.
This is the Law: this is the Instant vse:
Ze suld pretend thairfoir ane Summonidis mak,
Aganis that day, to gif ressoun, and tak.

Na (quod the Wolf) thow wald Intruse ressoun,
Quhar wrang, and reif suld dwell in propertie.
That is ane poynt, and part of fals tressoun,
For to gar reuth remane with crueltie.
Be his woundis, fals tratour, thow sall de,
For thy trespas, and for thy Fatheris als.
With that anone he hint him be the hals.

⫘The

℃The selie Lamb culd do na thing bot blait.
Sone wes he deid: the Wolf wald do na grace.
Syne drank his blude, and of his flesche can eit,
Quhill he wes full, and went his way on pace.
Of his murther quhat sall we say, allace?
Wes not this reuth, wes not this greit pietie?
To gar this selie Lamb but gilt thus de.

⅋MORALITAS.

He pure pepill, this Lamb may signifie,
As Maill men, Merchandis,⁊ all laboureris.
⌐∙∾∙ Of quhome the lyfe, is half ane Purgatorie,
To wyn with lautie leuing as effeiris.
The Wolf betakinnis fals extortioneris,
And oppressouris of pure men, as we se,
Be violence, or craft in facultie.

℃Thre kynd of Wolfis, in this warld now Ringẛ.
The first, ar fals peruerteris of the Lawis.
Quhilk vnder Poet termis, falset mingis,
Lettand that all wer Gospell, that he schawis.
Bot for ane bud the pure man he ouerthrawis,
Smoirand the richt, garrand the wrang proceid.
Of sic Wolfis hellis fyre sall be thair meid.

O man of Law, let be that subteltie,
With nyce gimpis, and fraudis Intricate:
And think that God in his Diuinitie,
The wrang, the rycht, of all thy werkis wait.
For prayer, price, for hie, nor law estait,
Of fals querrellis se thow mak na defence.
Hald with the rycht, hurt not thy conscience.

Ane vther kynd of Wolfis Rauenous,

At mychtie men, haifand aneuch plentie.
Quhilkis ar sa gredie, and sa couetous,
Thay will not thoill the pure in pece to be.
Suppois he, and his houshald baith suld de,
For falt of fude, thairof thay gif na tak,
Bot ouer his heid his mailling will thay tak.

¶ O man but mercie, quhat is in thy thocht!
War than ane Wolf, and thow culd vnderstand,
Thow hes aneuch, the pure husband richt nocht,
Bot croip, and calf, vpon ane clout of land.
For Goddis aw, how durst thow tak on hand,
And thow in Barn, and Byre sa bene, and big,
To put him fra his tak, and gar him thig?

The thrid Wolf, ar men of heritage:
As Lordis, that hes land be Goddis lane,
And settis to the Maillatis ane Village:
And for ane tyme Gressome payit and tane.
Syne vexis him, or half his terme be gane,
With pykit quarrelis, for to mak him tane
To flit, or pay his Gressome new agane.

His Hors, his Meir len to the Laird,
To drug, and draw, in Court, or in Cariage.
His seruand, or his self may not be spaird,
To swing, and sweit, without in Meir, or wage,
Thus how he standis in laubour, and bondage,
That scantlie may he purches by his maill,
To leue vpon dry breid, and watter caill.

Hes thow not reuth, to gar thy tennentis sweit,
Into thy laubour, with tayne, and hungrie wame!
And syne hes lytill gude to drink, or eit,

With his menȝe, at euin quhen he cummis hame.
Thow suld dreid, for rychteous Goddis blame.
For it cryis ane vengeance vnto the heuinnis hie,
To gar ane pure man wirk, but Meit, or fe

O thow greit Lord, that riches hes and rent:
Thow art ane Volf, thus to deuoir the pure.
Think that na thing cruell, nor violent,
May in this warld perpetuallie Indure.
This sall thow trow, and sikkerlie assure,
For till oppres, thow sall haif als greit pane,
As thow the pure had with thy awin hand slane.

God keip the Lamb, quhilk is the Innocent,
From Volfis byit, and men extortioneris.
God grant, that wrangous men of fals Intent,
Be manifestit, and punischit as effeiris.
And God, as thow all rychteous prayer heiris,
Mot saif our King, and gif him hart and hand,
All sic Volfis to banis out of the land.

F I N I S.

The Taill of the Paddok, and the Mous.

Pon ane tyme (as Esope culd Report)
Ane lytill Mous come till ane Reuer syde.
Scho micht not waid, hir schākis wer sa schort
Scho culd not swym, scho had na hors to ryde.
Of verray force behouit hir to byde.
And to, and fra, besyde that Reuer deir
Scho ran, cryand, with mony pietuous peip.

Help ouer, help ouer this sillie Mous can cry,

For Goddis lufe, sum bodie ouer the brym.
With that ane Paddok in the watter by,
Put vp hir heid, and on the bank can clym.
Quhilk be nature culd dowk, and gaylie swym.
With voce full rauk, scho said on this maneir.
Gude morne (schir Mous) quhat is zour erand heir?

Seis thow (quod scho) of corne zone Jolie flat
Of ryip Aittis, of Barlie, Peis, and Quheit.
I am hungrie, and fane wald be thairat.
Bot I am stoppit be this watter deip.
And on this syde, I get na thing till eit,
Bot hard Nuttis, quhilkis with my teith I boir.
Wer I bezond, my Feist wer fer the moir.

I haif na bott, heir is na Marineris:
How can thow fleit without fedder or fyn?
This Reuer is sa deip, and dangerous,
Me think, that thow suld drownit be thairin.
Tell me thairfoir, quhat facultie or gyn,
Thow hes to bring the ouer this watter? Than
Thus to declair the Paddok sone began.

With my twa feit (quod scho) lukkin and brald,
In steid of Air, I row the streme full still.
And thocht the brym be perrillous to waid,
Baith to, and fra, I row at my awin will.
I may not droun, for quhy my oppin Gill
Deuoidis ay the watter I resaif.
Thairfoir to droun forsuith na dreid I haif.

The Mous beheld vnto hir fronsit face,
Hir runkillit cheikis, and hir lippis syde:
Hir hingand browis, and hir voce sa hace:

Hir loggerand leggis, and hir harsky hyde.
Scho ran abak, and on the Paddok cryde.
Gif I can ony skill of Phisnomie,
Thow hes sumpart of falset, and Inuie.

  For Clerkis sayis, the Inclinatioun
Of mannis thocht, proceidis commounlie,
Efter the Corporall complexioun,
To gude, or euill, as Nature will apply.
Ane thrawert vult, ane thrawert Phisnomy.
The auld Prouerb is wittnes of this Lorum:
Distortum vultum sequitur distortio morum.

  Na (quod the Taid) that Prouerb is not trew:
For fair thingis oftymis ar fundin faikyn.
The Bla berryis thocht thay be sad of hew,
Ar gadderit vp, quhen Primeros is forsakin.
The face may faill, to be the hartis takin.
Thairfoir I find this Scripture in all place,
Thow suld not Iuge ane man efter his face.

  Thocht I vnhailsum be to luke vpon,
I haif na cause, quhy I suld lakkit be.
Wer I als fair, as Iolie Absolon,
I am na causer of that greit beutie.
This Difference in forme, and qualitie,
Almychtie God hes causit dame Nature
To prent, and set in euerilk creature.

  Of sum the face may be full flurischeand,
Of silkin toung, and cheir rycht amorous,
With mynd Inconstant, fals, and varland,
Full of desait, and menis Cautelous.
Let be thy preiching (quod the hungrie Mous)

¶ The Fabilis

And be quhat craft thow gar me vnderstand,
That thow wald gyde me to zone zonder land?

¶ Thow wait (quod scho) ane bodie that hes neid,
To help thame self, suld mony wayis cast.
Thairfoir ga tak ane dowbill tuynit threid,
And bind thy leg to myne with knottis fast.
I sall the leir to swoym, be not agast,
Als weill as I. As thow (than quod the Mous)
To preis that play, it wer rycht perrillous.

Suld I be bund, and fast, quhar I am fre,
In hoip of help, nathan I schrew vs baith.
For I mycht lois baith lyfe and libertie.
Gif it wer swa, quha suld amend the skaith?
Bot gif thow sweir to me the murthour aith,
But fraud, or gyle, to bring me ouer this flude,
But hurt, or harme. In faith (quod scho) I dude.

Scho goikit vp, and to the heuin can cry:
O Juppiter, of Nature God and King,
I mak ane aith trewlie to the, that I
This lytill Mous sall ouer this watter bring.
This aith wes maid. The Mous but persauing
The fals Ingyne of this foull trappald Taid,
Tuke threid, and band hir leg, as scho hir bad.

Than fute, for fute, thay lap baith in the brym.
Bot in thair myndis thay wer rycht different.
The Mous thocht of na thing, bot for to swoym:
The Paddok for to droun set hir Intent.
Quhen thay in midwart of the streme wer went,
With all hir force the Paddok preissit doun,
And thocht, the Mous without mercie to droun.

T. Borse.

¶ Perſauand this, the Mous on hir can cry,
Tratour to God, and maneſworne vnto me.
Thow ſwoze the murthour aith richt now, that J
But hurt, oz harme, ſuld ſerryit be and fre.
And quhen ſcho ſaw thair wes bot do, oz de,
With all hir mycht ſcho fozcit hir to ſwym:
And pzeiſſit vpon the Taiddis bak to clym.

The dzeid of deith hir ſtrenthis gart Incres,
And fozcit hir defend, with mycht, and mane.
The Mous vpwart: the Paddok doun can pzeis:
Quhyle to, quhyle fra, quhyle dowkit vp agane.
This ſillie Mous plungit in to greit pane,
Gan fecht als lang as bzeith wes in hir bzeiſt:
Till at the laſt, ſcho crpit foz ane Pzeiſt.

Fechtand thuſgait the Gled ſat on ane twiſt,
And to this wzetchit battell tuke gude heid.
And with ane wiſk, oz ony of thame wiſt,
He claucht his cluke betuix thame in the thzeid.
Syne to the land he flew with thame gude ſpeid,
Fane of that fang, pzipand with mony pew:
Syne lowſit thame, and baith but pietie flew.

Syne bowellit yame, yat Boucheour with his bill
And belliflaucht full fettillie thame flaid.
Bot all thair fleſche wald ſcant be half ane fill,
And guttis als vnto that gredie glaid·
Of thair debait, thus quhen J hard outraid,
He tuke his flicht, and ouer the feildis flaw.
Gif this be trew, ſpeir ze at thame that ſaw.

¶ MORALITAS.

MY Bzother, gif thow will tak aduertence,
Be this Fabill thow may perſaue and ſe.

¶ The Fabillis.

It paſſis fer all kynd of Peſtilence,
Ane wickit mynd, with wordis fair and ſle.
Be war thairfoir, with quhome thow fallowis the.
To the wer better beir the ſtane barrow,
For all thy dayis to delf quhill thow may die,
Than to be machit with ane wickit marrow.

¶ Ane fals Intent vnder ane fair preſence,
Hes cauſit mony Innocent for to die.
Greit folie is to gif ouer ſone credence,
To all that ſpeikis fairlie vnto the.
Ane ſilkin toung, ane hart of crueltie,
Smytis more ſore, than ony ſchot of arrow.
Brother, gif thow be wyſe, I reid the ſle,
Than mache the with ane thrawart fenzeit marrow.

I warne the als, it is greit negligence,
To bind the faſt, quhar thow wes frank and fre.
Fra thow be bund, thow may mak na defence,
To ſaif thy lyfe, nor zit thy libertie.
This ſimpill counſall, brother, tak of me,
And it to run perqueir, ſe thow not tarrow.
Better but ſtryfe to leif allane in le,
Than to be machit with ane wickit marrow.

This hald in mynd, rycht more I ſall the tell,
Quharby thir beiſtis may be figurate.
The Paddok vſand in the flude to dwell,
Is mannis bodie, ſwymmand air and lait,
In to this warld with cairis Implicate.
Now he, now law, quhylis plungit vp, quhylis doun
Ay in perrell, and reddie for to droun.

This lytill Mous, heir knit thus be the ſchyn:

ſThe

of Esope.

The Saull of man betakin may in deid.
Bundin, and fra the bodie may not wyn,
Quhill cruell deith cum byck of lyfe the thzeid.
The quhilk to dzoun suld euer stand in dzeid,
Of Carnall lust be the Suggestioun:
Quhilk dzawis ay the Saull, and dzuggis doun.

The Gled is Deith, that cummis suddandlie,
As dois ane theif, and cuttis sone the battall.
Be vigilant thairfoir, and ay reddie,
For mannis lyfe is bzukill, and ay moztall.
My freind thairfoir, mak the ane strang Castell
Of faith in Chzist: for deith will the assay:
Thow wait not quhen, euin, mozrow, oz midday.

Adew my freind: and gif that ony speiris,
Of this Fabill, sa schoztlie I conclude.
Say thow, I left the laif vnto the Freiris,
To mak exempill, and ane similitude.
Now Chzist for vs that deit on the Rude,
Of Saull, and lyfe, as thow art Saluiour:
Grant vs till pas, in till ane blissit hour.
FINIS.

Impzentit at Edin-
burgh be Robert Lekpzeuik, at the Expensis of
Henrie Charteris, the xvi. day of Decem-
ber: the zeir of God ane thousand,
fyue hundzeth, thze scoir,
Nyne zeiris.